QICHE LINGBUJIAN SHIBIE YU GUZHANG CHULI DAQUAN

汽车零部件识别与故障处理大全

郭建英　顾惠烽　等　编著

·北京·

内容简介

本书介绍了汽车上各类零部件的类型、特点、外观、结构、安装位置、基本原理和作用、快速识别方法与技巧、常见故障及解决办法，通过彩色外观图、结构图、立体分解图以及在车辆上的安装位置图，并配合简要的识别方法和技巧介绍，使读者对汽车零部件实现系统的认识和了解。

全书以精美的彩色图片为主介绍，重要知识点配套讲解视频，由专业视频教学团队精心制作，扫描书内二维码即可观看。彩色图文与高清视频讲解有机结合、对照学习，有利于读者快速理解和掌握，达到学以致用的目的。

本书适合汽车维修初学者和入门人员、职业技术院校汽车相关专业师生、汽车维修相关企业培训机构使用。

图书在版编目（CIP）数据

汽车零部件识别与故障处理大全 / 郭建英等编著. —北京：化学工业出版社，2020.12（2024.11重印）
ISBN 978-7-122-37715-9

Ⅰ.①汽⋯ Ⅱ.①郭⋯ Ⅲ.①汽车-零部件-识别②汽车-零部件-故障修复 Ⅳ.①U463②U472.41

中国版本图书馆CIP数据核字（2020）第171180号

责任编辑：黄　滢　黎秀芬　　　　　　　　　文字编辑：冯国庆
责任校对：李　爽　　　　　　　　　　　　　装帧设计：王晓宇

出版发行：化学工业出版社（北京市东城区青年湖南街13号　邮政编码100011）
印　　装：北京天宇星印刷厂
787mm×1092mm　1/16　印张16½　字数379千字　2024年11月北京第1版第4次印刷

购书咨询：010-64518888　　　　　　　　　售后服务：010-64518899
网　　址：http://www.cip.com.cn
凡购买本书，如有缺损质量问题，本社销售中心负责调换。

定　　价：99.00元　　　　　　　　　　　　　　　　　　　　　版权所有　违者必究

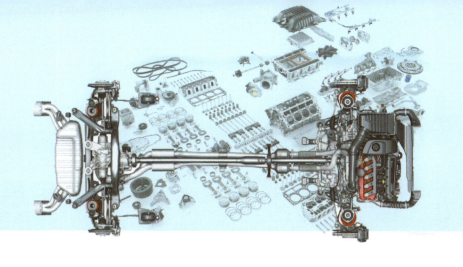

前言
PREFACE

  现代汽车零部件及其配件的种类繁多，而且大部分重要零部件的外观、结构都很复杂，汽车技术初学者难以快速识别和掌握。尤其是在汽车维修行业内，一线汽车维修技术工人以及与维修相关的接待人员、销售人员等迫切需要相关的理论书籍作指导。然而目前图书市场上现有图书还远远满足不了此类读者的现实需求。

  为了帮助这些人员快速适应汽车维修相关工作岗位的需求，在化学工业出版社的组织下，我们编写了本书。

  本书介绍了汽车上各种各样的零部件，内容涵盖汽车上绝大多数零部件及其配件，努力尽量做到全面、系统、实用。书中重点讲解汽车零部件的类型、特点、外观、结构、在车辆上的具体安装位置、基本原理和作用、快速识别方法和技巧、常见故障及一般解决办法。力求通过彩色外观图、结构原理图、立体分解图以及在车辆上安装位置图的对照学习，使读者对汽车零部件实现较全面的认知和了解。

  全书以精美的彩色图片为主介绍，重要的知识点配套讲解视频，由专业视频教学团队精心制作而成，只需扫描书内相关章节的二维码即可观看。将彩色图文内容与高清视频讲解有机结合、对照学习，有利于读者快速理解和掌握所学知识点，提高学习效率，进而达到学以致用的目的。力求既适合初中级汽车维修技术人员使用，也可作为职业技术院校师生教学和自学的参考书，以及相关企业的培训用书，对汽车感兴趣的私家车主和汽车驾驶员等也能看懂。

  本书由郭建英、顾惠烽、彭川、陈浩编著而成。

  限于笔者水平，书中疏漏之处在所难免，敬请广大读者批评指正。

编著者

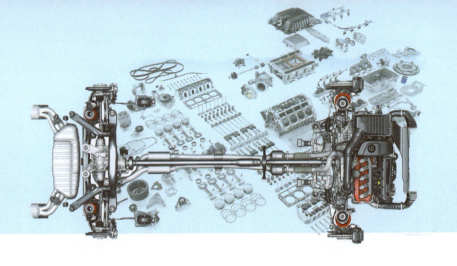

目录 CONENTS

第1章 发动机零部件

- 1.1 发动机的类型 …… 1
- 1.2 燃油系统 …… 2
  - 1.2.1 燃油泵 …… 3
  - 1.2.2 燃油滤清器 …… 4
- 1.3 进气及增压系统 …… 5
  - 1.3.1 空气滤清器总成 …… 5
  - 1.3.2 进气歧管 …… 6
  - 1.3.3 涡轮增压器 …… 7
  - 1.3.4 中冷器 …… 9
- 1.4 排气系统 …… 10
  - 1.4.1 排气歧管 …… 10
  - 1.4.2 三元催化器 …… 11
- 1.5 润滑系统 …… 13
  - 1.5.1 机油泵 …… 13
  - 1.5.2 机油滤清器 …… 15
  - 1.5.3 油底壳 …… 16
  - 1.5.4 机油喷嘴 …… 17
  - 1.5.5 机油冷却器 …… 18
- 1.6 冷却系统 …… 19
  - 1.6.1 冷却水泵 …… 19
  - 1.6.2 节温器 …… 20
  - 1.6.3 散热器 …… 21
  - 1.6.4 冷却风扇 …… 23
- 1.7 点火系统 …… 24
- 1.8 发动机附件及线束 …… 25
- 1.9 配气机构 …… 26
  - 1.9.1 正时机构 …… 26
  - 1.9.2 正时链条张紧器 …… 27
  - 1.9.3 凸轮轴 …… 28
  - 1.9.4 气门组 …… 29
  - 1.9.5 可变气门正时系统相位控制器 …… 30
- 1.10 曲柄连杆机构 …… 31
  - 1.10.1 气缸体 …… 32
  - 1.10.2 气缸盖、气缸垫 …… 33
  - 1.10.3 活塞连杆组 …… 34
  - 1.10.4 曲轴飞轮组 …… 37

第2章 发动机电控零部件

- 2.1 喷油嘴 …… 39
- 2.2 燃油调节器 …… 41
- 2.3 高压泵 …… 42
- 2.4 燃油压力传感器 …… 44

2.5 节气门总成 45
2.6 空气流量计 47
2.7 进气压力传感器 49
2.8 氧传感器 50
2.9 机油压力开关 52
2.10 冷却液温度传感器 53
2.11 点火线圈 54
2.12 油门踏板 55
2.13 曲轴位置传感器 57
2.14 凸轮轴位置传感器 59
2.15 爆震传感器 60
2.16 凸轮轴调节阀 62
2.17 曲轴箱强制通风阀 64
2.18 增压压力传感器 65
2.19 涡轮增压器循环空气阀 66
2.20 增压调节器 68
2.21 活性炭罐电磁阀 69
2.22 发动机控制单元 70

第3章 变速器零部件

3.1 变速器的类型 72
3.2 双离合变速器 75
   3.2.1 换挡操纵机构 75
   3.2.2 双离合器 76
   3.2.3 齿轮组 77
   3.2.4 换挡机构 79
   3.2.5 驻车锁 80
   3.2.6 机油系统和 ATF 供给系统 81
   3.2.7 变速箱控制器单元 83
3.3 无级变速器 85
   3.3.1 前进挡离合器/倒挡离合器及行星齿轮装置 85
   3.3.2 扭矩传感器 87
   3.3.3 传动链 88
   3.3.4 油泵 89
   3.3.5 液压控制单元 91
   3.3.6 换挡轴和停车锁 93
   3.3.7 电子控制单元 94
   3.3.8 变矩器 95
3.4 自动变速器 96
   3.4.1 变矩器 96
   3.4.2 行星齿轮组 98
   3.4.3 驻车机构 99
   3.4.4 电液控制系统总成 100
3.5 手自一体变速器 103
   3.5.1 齿轮组 103
   3.5.2 换挡机构 105
3.6 手动变速器 106
   3.6.1 离合器 106
   3.6.2 齿轮组 108
   3.6.3 变速器操纵机构 111
   3.6.4 液压式离合器操纵机构 114
3.7 主减速器、差速器 115
3.8 运动型差速器 116

第4章 底盘悬架零部件

4.1 底盘悬架类型 119
4.2 减振器 120
4.3 刚板弹簧 121
4.4 空气悬架 123

4.5　稳定杆 …………………… 127
   4.6　控制臂 …………………… 128
   4.7　转向节 …………………… 130
   4.8　轮胎及轮辋 ……………… 131
   4.9　传动轴 …………………… 132
      4.9.1　后驱汽车万向传动
             装置 ………………… 132
      4.9.2　前驱汽车传动轴 …… 134
   4.10 胎压监控系统总成 ……… 135

第5章　制动系统零部件

   5.1　制动系统概述 …………… 138
   5.2　盘式制动器 ……………… 140
   5.3　鼓式制动器 ……………… 141
   5.4　真空助力器 ……………… 142
   5.5　制动主缸 ………………… 144
   5.6　鼓式制动分泵 …………… 145
   5.7　手刹 ……………………… 146
   5.8　电子驻车制动装置 ……… 147
   5.9　ABS 泵 …………………… 148

第6章　转向系统零部件

   6.1　转向系统的类型 ………… 150
   6.2　转向柱 …………………… 151
   6.3　转向机 …………………… 152
   6.4　转向助力泵 ……………… 154
   6.5　电动机械式助力转向器 … 155
   6.6　转向角传感器 …………… 158

第7章　车身系统零部件

   7.1　车门及电动门窗 ………… 160
   7.2　电动座椅 ………………… 162
   7.3　电动后视镜 ……………… 165
   7.4　雨刮机构 ………………… 166

第8章　电气系统零部件

   8.1　蓄电池 …………………… 168
   8.2　起动机 …………………… 170
   8.3　发电机 …………………… 172
   8.4　熔丝和继电器 …………… 174
   8.5　控制单元 ………………… 175
   8.6　组合仪表 ………………… 182

第9章　空调系统零部件

   9.1　压缩机 …………………… 184
   9.2　冷凝器 …………………… 187
   9.3　干燥瓶 …………………… 188
   9.4　膨胀阀 …………………… 190
   9.5　压力开关 ………………… 192
   9.6　蒸发器 …………………… 193

9.7 空调滤清器 …… 194
9.8 调节电机 …… 196
9.9 鼓风机 …… 197
9.10 暖风水箱 …… 199
9.11 节流阀 …… 200
9.12 传感器 …… 201

第 10 章　照明、信号系统零部件

10.1 外部照明 …… 205
  10.1.1 前照灯 …… 205
  10.1.2 尾灯 …… 208
10.2 内部照明 …… 209
  10.2.1 全景天窗照明装置 …… 209
  10.2.2 光刃式 B 柱氛围灯 …… 210
10.3 喇叭 …… 210

第 11 章　安全气囊系统零部件

11.1 主驾驶气囊 …… 212
11.2 前乘客安全气囊 …… 214
11.3 头部安全气囊 …… 215
11.4 气囊螺旋弹簧 …… 216
11.5 控制单元 …… 217
11.6 安全带张紧器 …… 218
11.7 膝部安全气囊 …… 220
11.8 侧面安全气囊 …… 221
11.9 传感器及开关 …… 222

第 12 章　驾驶辅助系统零部件

12.1 定速巡航控制系统 …… 226
12.2 碰撞警告系统 …… 227
12.3 车道变更警告系统 …… 229
12.4 侧面碰撞警告系统 …… 230
12.5 错误行驶警告系统 …… 231
12.6 优先行驶警告系统 …… 232
12.7 主动转向干预系统 …… 233
12.8 交叉路口警告系统 …… 234
12.9 交通标志识别系统 …… 235
12.10 前方道路预测辅助系统 …… 236
12.11 夜视系统 …… 236
12.12 注意力辅助系统 …… 237
12.13 摄像机系统 …… 238
12.14 驻车距离监控系统 …… 244
12.15 交叉行驶警告系统 …… 245
12.16 驻车操作辅助系统 …… 246
12.17 遥控驻车辅助系统 …… 249
12.18 车道导向和堵车辅助系统 …… 251
12.19 车道变更辅助系统 …… 253
12.20 避让绕行辅助系统 …… 254

本书配套视频清单

序号	视频内容	页码	序号	视频内容	页码
1	燃油供给系统的组成	3	24	认识车身电气系统	167-2
2	机油泵的介绍及工作原理	13	25	认识蓄电池	169
3	油底壳的介绍及作用	16	26	起动机概述	170
4	冷却系统的原理	19	27	发电机概述	172
5	凸轮轴的结构、功用和常见损伤	29	28	配电盒的介绍及作用	174-1
6	空气滤清器的介绍及工作原理	38	29	继电器概述	174-2
7	手动变速器概述	72	30	控制单元的功能及控制	175
8	自动变速器油的基本知识	81	31	汽车空调的功用	184-1
9	自动变速器油泵概述	89	32	汽车空调的组成及作用	184-2
10	液力变矩器的结构与工作原理	95	33	汽车空调滤芯的作用	194
11	自动变速器的结构	96	34	汽车空调通风系统	197-1
12	自动变速器的功用	97	35	汽车空调通风原理	197-2
13	行星齿轮的功用与结构	99	36	汽车空调采暖系统	199
14	自动变速器的控制系统	102	37	汽车空调的认知	204-1
15	离合器的作用	106	38	汽车空调冷冻润滑油的作用	204-2
16	离合器的结构和工作原理	107	39	认识照明系统以及信号装置	205
17	变速器操纵机构概述	111	40	带有停车和起步功能的主动巡航系统（ACC）的介绍及工作过程	226
18	主减速器、差速器工作原理	115	41	换车道警告系统（SWW）的介绍及工作过程	229
19	离合器的主缸和工作缸	118-1	42	夜视显示系统（NV）的介绍及工作过程	237
20	摩擦式离合器的分类	118-2	43	环式摄影机（TRSVC）的介绍及工作过程	241
21	独立悬架概述	119	44	驻车距离监控系统（PDC）的介绍及工作过程	245
22	万向传动装置概述	132	45	远光灯辅助系统（KAFAS）的介绍及工作过程	256
23	刮水器概述	167-1			

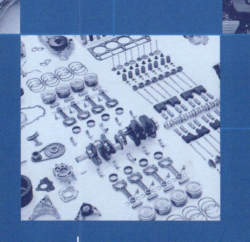

第1章 发动机零部件

1.1 发动机的类型

目前主要有 L 型（直列式）发动机、V 型（VR 型）发动机、W 型发动机和水平对置式发动机，其外观、特点及应用见表 1-1-1。

表 1-1-1 发动机的类型

类型	特点及应用	外观
L 型（直列式）	直列式发动机是汽车上应用最为广泛的气缸排列形式，尤其是 2.5L 以下排量的发动机。其特点是所有气缸均在一个平面，并且只使用一个气缸盖，缸体和曲轴的结构相对简单。这种发动机的优势在于尺寸紧凑，稳定性高，低速转矩特性好并且燃料消耗也较少，制造成本更低	L3发动机

续表

类型	特点及应用	外观
V型	V型发动机缩短了机体的长度和高度，更低的安装位置便于装载在风阻系数更低的车中，同时得益于气缸对向布置，还可抵消一部分振动，使发动机运转更为平顺和安静。V型发动机的缺点是必须使用两个气缸盖，结构较为复杂、成本较高。另外其宽度加大后，发动机两侧空间较小，不易再安排其他装置	
VR型	为了满足在中低挡车辆上横向安装大功率发动机的需要，研发VR型发动机。6个相互成15°或更小角度偏置布置的气缸容纳在一个不太宽的且较短的发动机缸体上。此类发动机不同于V型发动机，它只有一个气缸盖，并且比V型发动机更窄。这些优点，使得大众高尔夫等车辆上能够安装紧凑的VR6型发动机。这种气缸排列比较特殊的发动机在大众的车型上被广泛应用，而且又推出了3.2L和3.6L两个排量。其中3.2L的VR6型发动机曾搭载于高尔夫R32和奥迪TT上，3.6L的型号则应用于R36、途锐、辉腾等车型	
W型	W型发动机可以做得更短一些，这样就能节省发动机所占的空间，同时减轻了重量，但它的宽度更大，使得发动机舱更满。常见的W型发动机有大众和奥迪的W8、W12发动机，这种发动机因气缸多，排量相对较大，动力更强	
水平对置式	由于这种发动机的制造成本和工艺难度较高，所以目前世界上只有保时捷和斯巴鲁两个厂商在使用。斯巴鲁汽车几乎全采用水平对置式发动机，并以此闻名	

1.2 燃油系统

燃油系统一般由燃油泵、燃油滤清器、喷油嘴、燃油调节器等组成。

1.2.1 燃油泵

(1) 外观、结构与安装位置（图1-2-1）

图 1-2-1　燃油泵

（2）工作原理与作用

燃油泵工作时，永磁电动机通电带动泵体旋转，将燃油从进油口吸入，燃油经燃油泵内部，再从出油口压出，给燃油系统供油。燃油泵的转速和泵油量由外加电压决定，通常情况下为恒定值。

在燃油泵的出油口处设有一个止回阀，可以在发动机熄火后，防止燃油倒流，以保持燃油供给系统有一定的残余压力，便于下次启动。

在燃油泵的进油口或出油口处设有一个安全阀，可在燃油滤清器或高压管路阻塞等意外情况发生时打开而泄压，从而保护直流电动机。

在燃油泵的进油口处安装一个滤网，可防止杂质进入燃油泵造成卡死或密封不良。

（3）快速识别方法与技巧

燃油泵安装在燃油箱内，从外面看，燃油泵上连接着两根燃油管和一个燃油泵插接器，需要专用工具拆卸燃油泵固定盖。

（4）常见故障及解决办法

燃油泵常见的故障如下。

❶ 安全阀漏油或弹簧失效故障，故障现象为发动机工作不平稳或不工作，发动机加速不良，发动机无力。

❷ 单向阀漏油故障，故障现象为发动机启动困难。

❸ 进油滤网堵塞故障，故障现象为发动机高速喘振、无高速、加速不良、严重时怠速不稳。

❹ 电动机烧坏故障，故障现象为发动机不工作。

❺ 燃油泵磨损故障，故障现象为发动机启动困难、动力不足、加速不良。

由于燃油泵不允许维修，出现以上故障时需要更换燃油泵总成。

1.2.2 燃油滤清器

（1）外观、结构与安装位置（图1-2-2）

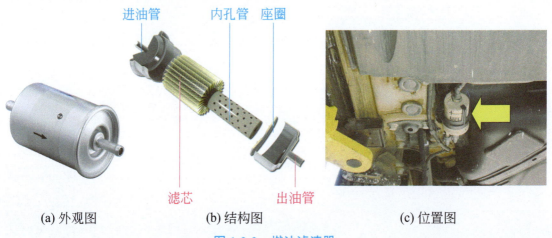

(a) 外观图　　　　(b) 结构图　　　　(c) 位置图

图 1-2-2　燃油滤清器

（2）工作原理与作用

燃油滤清器的工作原理（图1-2-3）：来自油箱内带有杂质的汽油经过燃油滤清器，杂质被吸附在滤纸上，过滤后的纯净汽油则流向发动机。

燃油滤清器外壳上一般标有指示燃油流向的箭头，在安装时箭头应朝向燃油分配管一侧。有些汽车的燃油滤清器的两个管口分别标有"IN"和"OUT"，在安装时"IN"管口应与电动燃油泵一侧连接，"OUT"管口应与燃油分配管一侧连接。错误安装后会导致系统油压过低并损坏滤清器和喷油器。

燃油滤清器的作用是清除燃油中的粉尘、铁锈等固体杂质，防止供油系统阻塞，减少机械磨损，提高发动机工作的可靠性。

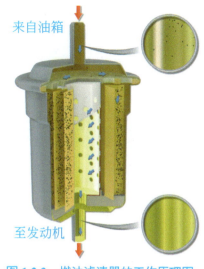

图 1-2-3　燃油滤清器的工作原理图

（3）快速识别方法与技巧

燃油滤清器一般安装在燃油泵的出油管上，有的在燃油箱旁边，有的在后排座椅下面，有的在燃油箱内部。

（4）常见故障及解决办法

❶ 燃油滤清器常见的故障为堵塞，其故障现象多为车辆加速无力、加速滞后。

❷ 拆下燃油滤清器，如果倒出的燃油比较浑浊则说明燃油滤清器堵塞。

1.3　进气及增压系统

进气系统由空气滤清器、进气歧管、节气门、进气压力传感器、谐振腔组成；增压系统由涡轮增压器、中冷器、增压压力传感器、增压压力调节器组成。

1.3.1　空气滤清器总成

（1）外观、结构与安装位置（图1-3-1）

(a) 外观图

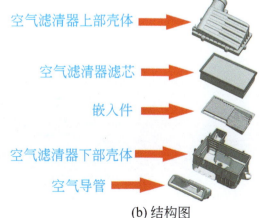

(b) 结构图

图 1-3-1

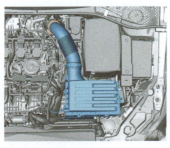 

(c) 位置图

图 1-3-1 空气滤清器总成

(2) 工作原理与作用

通过滤网对进入燃烧室的空气进行过滤,发动机吸入的空气中会有杂质,经过空气滤清器的过滤,可起到净化作用。

(3) 快速识别方法与技巧

空气滤清器常见的有长方形、正方形,其位置在发动机附近,安装在节气门的前面,即在进气歧管前。

(4) 常见故障及解决办法

❶ 空气滤清器常见的故障是堵塞,其故障现象为加速不良。

❷ 应清除空气滤清器中的异物或更换空气滤清器。

1.3.2 进气歧管

(1) 外观、结构与安装位置(图1-3-2)

(a) 外观图　　　　　　　　　(b) 剖视图

(c) 位置图

图 1-3-2 进气歧管

（2）工作原理与作用

进气歧管是指空气从进气管进入各个气缸，空气往各个气缸分配的这一段管子，每个气缸有一个进气歧管。进气歧管的设计保证了各个气缸进气分配合理且均匀。

（3）快速识别方法与技巧

进气歧管位于节气门与发动机进气门之间，之所以称为"歧管"，是因为空气进入节气门，经过歧管缓冲后，空气流道就在此"分歧"，对应发动机气缸的数量，如四缸发动机就有四道，五缸发动机则有五道，将空气分别导入各气缸中。

根据发动机的布置方式，进气歧管有的在发动机前方，有的在发动机后方；如果是纵向发动机，则可安装在左侧或右侧；如果是V型发动机，则将进气歧管安装在发动机上部（图1-3-3）。

图 1-3-3　进气歧管安装在 V 型发动机上部

（4）常见故障及解决办法

❶ 进气歧管常见的故障为漏气，其故障现象为车辆怠速抖动。
❷ 使用烟雾测量仪，对进气歧管进行检测，如发现泄漏，则进行更换。

1.3.3　涡轮增压器

（1）外观、结构与安装位置（图1-3-4）

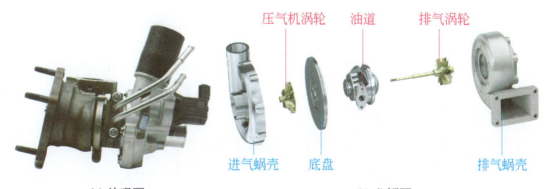

(a) 外观图　　　　　　　　　　　(b) 分解图

图 1-3-4

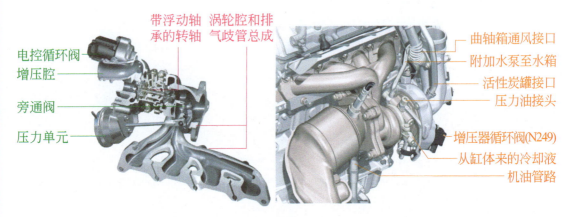

(c) 结构图

(d) 位置图

图 1-3-4　涡轮增压器

（2）工作原理与作用

涡轮增压是利用发动机废气的能量推动废气涡轮增压器进行增压，不消耗发动机自身的能量。

压缩轮和涡轮连接在一个轴上，来自排气管的废气推动涡轮使其转动，涡轮通过连接轴带动压缩轮同步转动，来自空滤器的新鲜空气进入压缩轮的中部，空气在离心力的作用下沿压缩轮的叶片向外甩出，空气压力增高。发动机转速越高，废气流速越快，涡轮和压缩轮转速也越高，增压作用越强。

由于涡轮处于排气的高温环境中（600～700℃以上），因此一般是用耐热的合金材料或者陶瓷材料制成的。

（3）快速识别方法与技巧

一般汽车的涡轮增压器都在靠近排气歧管的位置，有些车的排气歧管在前面，有些车的排气歧管在后面。

（4）常见故障及解决办法

❶ 涡轮增压器最常见的故障是异响、机件磨损，其故障现象多为加速时异响、

加速无力。

❷ 如出现机件磨损或损坏,则更换涡轮增压器。

1.3.4 中冷器

(1) 外观与安装位置(图1-3-5)

(a) 外观图

(b) 位置图

图 1-3-5　中冷器

(2) 工作原理与作用

用于提高功率和降低耗油量。废气涡轮增压器内因其部件温度和压缩作用而受热的增压空气,在中冷器内最多可降低80℃。这样可提高增压空气的密度,从而达到更好的燃烧室充气效果,由此可降低所需要的增压压力。此外还能降低爆震危险并提高发动机效率。

(3) 快速识别方法与技巧

中冷器比冷却液散热器小,也是用片式散热,大多数车辆将中冷器安装在车辆的前部、空调散热器前面。

（4）常见故障及解决办法

❶ 中冷器常见故障为损坏泄漏，其故障现象多为车辆怠速抖动。

❷ 若检查发现损坏，则需要更换总成。

1.4 排气系统

排气系统一般由排气歧管、排气管、催化转换器、氧传感器、汽车消声器和排气尾管等组成。如图1-4-1所示。

图 1-4-1　排气系统

1—排气歧管；2—废气涡轮增压器；3—催化转换器；4—中间消声器；
5—后部消声器（右侧）；6—后部消声器（左侧）

1.4.1 排气歧管

（1）外观、结构与安装位置（图1-4-2）

(a) 外观图

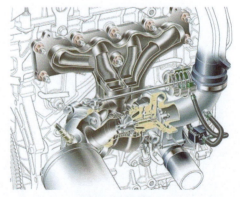

(b) 结构图

(c) 位置图

图 1-4-2　排气歧管

（2）工作原理与作用

废气自气缸排出后，随即进入排气歧管，各缸的排气歧管汇集后，经过排气管将废气排出。而就如进气歧管一样，气体在排气歧管内也是以脉冲的方式离开发动机，所以各缸的排气歧管长度及弯度也要设计成尽量相同，使各缸的排气都能一样顺畅。

（3）快速识别方法与技巧

排气歧管安装在发动机的排气门侧，材质是铸铁，看上去像生锈一样。根据厂家对发动机的设计，有的安装在发动机前方，有的安装在发动机后面。

（4）常见故障及解决办法

❶ 排气歧管常见的故障是漏气，其故障现象以漏气异响居多。

❷ 如果出现排气歧管漏气，则多数是排气歧管垫漏气，更换垫片即可。

1.4.2　三元催化器

（1）外观、结构与安装位置（图1-4-3）

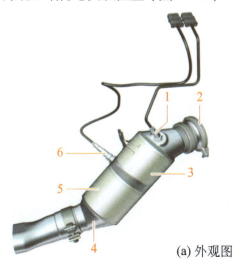

1—三元催化器前的氧传感器；
2—废气涡轮增压器上的接口；
3—陶瓷载体1；
4—三元催化器漏斗形出口；
5—陶瓷载体2；
6—陶瓷载体1后的氧传感器

(a) 外观图

图 1-4-3

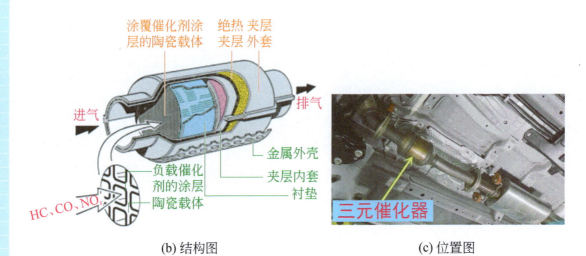

(b) 结构图　　　　　　　　　　　　　(c) 位置图

图 1-4-3　三元催化器

（2）工作原理与作用

三元催化器（TWC）是安装在汽车排放控制系统中最重要的机外净化装置，它可将汽车尾气排出的 CO、HC 和 NO_x 等有害气体通过氧化和还原作用转变为无害的二氧化碳、水和氮气。由于这种催化器可同时将废气中的三种主要有害物质转化为无害物质，故称"三元"（图 1-4-4）。

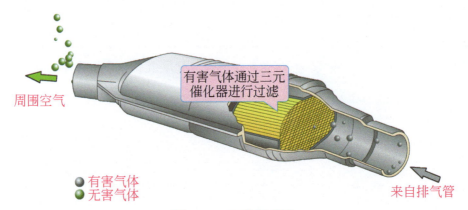

图 1-4-4　工作原理图

（3）快速识别方法与技巧

三元催化器安装在排气系统上，一般安装在下游氧传感器的前面，形状可以是圆形或方形。

（4）常见故障及解决办法

❶ 三元催化器最常见的故障为三元催化器堵塞，其故障现象为车辆加速无力（最高转速不超过 3000r/min）、油耗高。

❷ 拆卸氧传感器或者拆下三元催化器检查，如果出现三元催化器堵塞，则更换三元催化器。

1.5 润滑系统

润滑系统的组成部分主要有机油泵、压力调节阀、机油滤清器、机油散热器、油压传感器、喷嘴、油道等（图1-5-1）。

润滑系统除了起到润滑发动机各部件的作用外，还具有冷却、清洁、密封和防锈等功能，其中润滑油起着至关重要的作用。

图 1-5-1　发动机润滑系统

1.5.1　机油泵

视频精讲

（1）外观、结构与安装位置（图1-5-2）

机油泵可分为齿轮式机油泵和转子式机油泵。

（2）工作原理与作用

转子式机油泵的内转子带动外转子转动，且转速快于外转子。内外转子之间形成四个互相封闭的工作腔，每个工作腔在最小时与壳体上的进油孔接通，随后容积变大，形成真空，吸入机油；转子继续转动，工作腔容积变小，油压升高，当工作腔与出油孔接通时，压出机油。

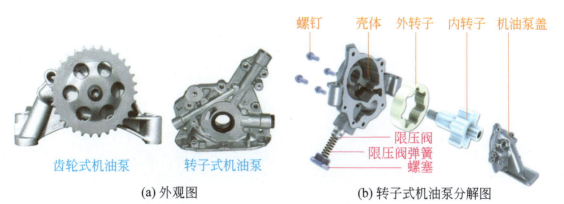

(a) 外观图　　　　　　(b) 转子式机油泵分解图

图 1-5-2

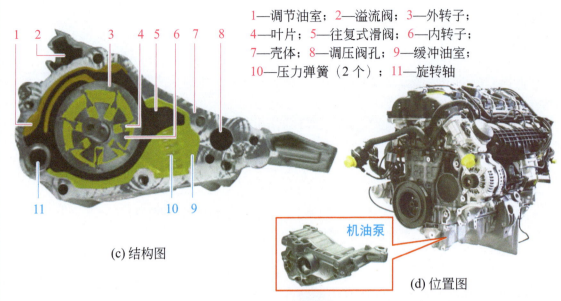

1—调节油室；2—溢流阀；3—外转子；
4—叶片；5—往复式滑阀；6—内转子；
7—壳体；8—调压阀孔；9—缓冲油室；
10—压力弹簧（2个）；11—旋转轴

(c) 结构图

(d) 位置图

图1-5-2　机油泵

（3）快速识别方法与技巧

机油泵一般安装在发动机油底内，连接着滤网；还有安装在曲轴齿轮处的，由正时皮带或正时链条带动工作。

（4）常见故障及解决办法

❶机油泵最常见的故障是机油压力过高或过低，其故障现象多为车辆上的机油灯点亮。

❷机油泵的主要损伤形式是零件的磨损所造成的泄漏，使泵油压力降低和泵油量减少。机油泵的端面间隙、啮合间隙以及外转子与泵壳之间间隙的增大，各处密封性和限压阀的调整都将影响泵油量及泵油压力（图1-5-3）。由于机油泵工作时，润滑条件好，零件磨损速度慢，使用寿命长，故可以根据它的工作性能确定是否需要拆检和修理。

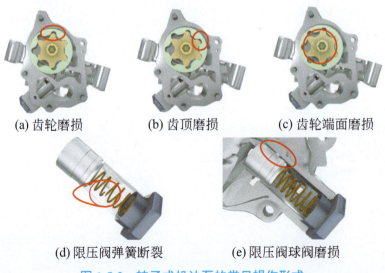

图1-5-3　转子式机油泵的常见损伤形式

1.5.2 机油滤清器

（1）外观、结构与安装位置（图1-5-4）

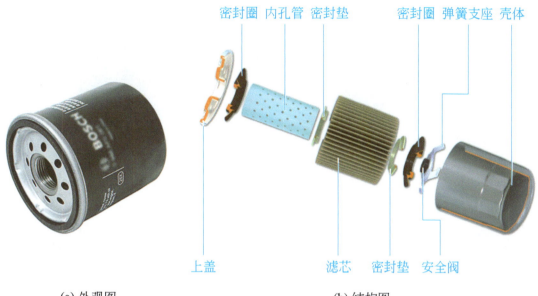

(a) 外观图

(b) 结构图

(c) 位置图

图 1-5-4 机油滤清器

（2）工作原理与作用

机油滤清器的功用是滤除机油中的杂物、胶油和水分，向各润滑部件输送洁净的机油。当带有杂质的机油从纸滤芯的外围进入滤清器中心时，杂质被过滤在滤芯上，当滤芯严重堵塞时，旁通阀开启，机油不经过滤芯过滤直接进入主油道，防止机油断供现象的发生（图1-5-5）。

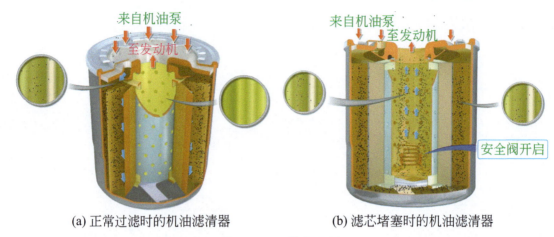

(a) 正常过滤时的机油滤清器　　(b) 滤芯堵塞时的机油滤清器

图 1-5-5　工作原理图

(3) 快速识别方法与技巧

机油滤清器位置不同的车是有所差别的，但主要的位置是发动机前顶部和发动机下方位置，有些车型的机油滤清器是铝外壳，有些是塑料外壳，形状都是圆形。

(4) 常见故障及解决办法

❶ 机油滤清器常见故障为漏油和损坏，其故障现象为漏油（机油消耗快），机油报警灯点亮。

❷ 如机油滤清器出现漏油或内部损坏，则更换机油滤清器即可。

1.5.3　油底壳

(1) 外观与安装位置（图1-5-6）

(a) 外观图　　(b) 位置图

图 1-5-6　油底壳

(2) 作用

油底壳主要用来储存机油（润滑油）并封闭曲轴箱。同时，底部的磁性放油螺栓能吸附机油中的金属屑，以减少发动机中运动零件的磨损（图1-5-7）。

(3) 快速识别方法与技巧

发动油底壳主要安装在发动机的下部，有些车辆的油底壳为铁材质，有些车型为铝材质。

(4) 常见故障及解决办法

油底壳的常见损伤形式有变形、漏油等，通常采用的维修方法是更换油底壳或重新密封油底壳。

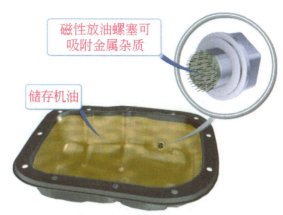

图 1-5-7　油底壳的作用

1.5.4　机油喷嘴

(1) 外观、结构与安装位置（图1-5-8）

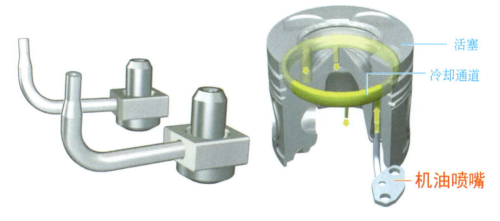

(a) 外观图　　　　　　　　(b) 结构图

(c) 位置图

图 1-5-8　机油喷嘴

(2) 工作原理与作用

❶ 机油喷嘴用于将机油输送到移动部件的指定部位（通过机油通道无法到达这些部位），以便进行润滑和冷却。

❷机油喷嘴为活塞底部提供冷却油。机油可准确喷入冷却通道内并在此聚集。

❸活塞运动可确保机油循环运行,此时机油分子在通道内振动并由此改善冷却效果。通过其他开孔可使机油重新流出。

❹有的机油喷嘴前装有活塞冷却阀。机油通道中的所有机油喷嘴共用一个活塞冷却阀或每个机油喷嘴都有一个各自的活塞冷却阀。活塞冷却阀用于确保机油喷嘴在达到规定压力时才能正常工作。

(3)快速识别方法与技巧

机油喷嘴安装在气缸体内,喷嘴向着活塞,形状像鹰嘴。

(4)常见故障及解决办法

机油喷嘴的故障一般就是堵塞,但是极少出现。如果堵塞,更换即可。

1.5.5 机油冷却器

(1)外观、结构与安装位置(图1-5-9)

(a)外观图　　　　　　　　(b)结构图

(c)位置图

图1-5-9　机油冷却器

（2）工作原理与作用

在功率较大且热负荷较高的发动机上，行驶过程中润滑油有过热的危险。在这种情况下机油过稀、润滑能力下降且机油消耗量增加。燃烧室内会出现沉积物并产生燃烧问题。

油膜可能会破裂，轴承和活塞可能会损坏。使用机油冷却器可避免这些问题。发动机处于冷态时不需要该冷却器，因此只有机油温度达到约90℃时才会接通该冷却器。冷却作用通过空气或冷却液来实现。

（3）快速识别方法与技巧

机油冷却器一般与机油滤清器安装在一起，找到机油滤清器就能找到机油冷却器，形状一般是方形或圆形。

（4）常见故障及解决办法

机油冷却器常见的故障现象为机油泄漏。

机油冷却器泄漏的位置一般为密封圈老化导致，更换机油滤清器密封圈即可。

1.6 冷却系统

冷却系统由冷却水泵、散热器、冷却风扇、节温器、水温传感器、补偿水桶、发动机机体和气缸盖中的水套以及其他附属装置等组成。

1.6.1 冷却水泵

（1）外观、结构与安装位置（图1-6-1）

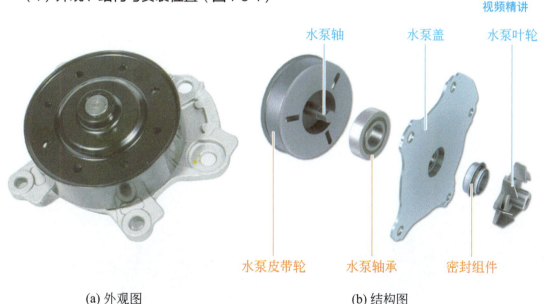

图 1-6-1

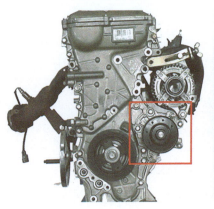 

(c) 位置图

图 1-6-1 离心式冷却水泵

（2）工作原理与作用

水泵对冷却液加压，将冷却液强制循环起来。

水泵叶轮旋转时，冷却液在离心力作用下被甩向叶轮边缘，叶轮边缘压力升高，冷却液被压送至出水管；同时在叶轮中心处压力降低，冷却液被从进水管吸入叶轮中心。

（3）快速识别方法与技巧

冷却水泵有的安装在缸体上，由正时皮带（正时链）驱动；也有的安装在外围上，即发电机侧，由附件皮带驱动。

（4）常见故障及解决办法

冷却水泵常见的故障为泄漏、水泵叶轮腐蚀，泄漏故障现象多为冷却液在水泵处泄漏；水泵叶轮腐蚀故障现象为发动机水温高，冷却液循环差。

以上两个故障，需要更换冷却水泵解决。

1.6.2 节温器

（1）外观、结构与安装位置（图1-6-2）

 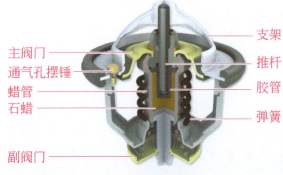

(a) 外观图 　　　　　　　　　　　(b) 结构图

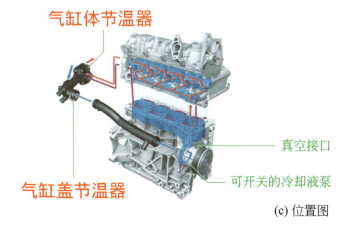 

(c) 位置图

图 1-6-2 节温器

（2）工作原理与作用

随发动机水温的高低，自动控制冷却液通往散热器的流量和大、小循环路线。

节温器是控制冷却液流动路径的阀门。它根据冷却液温度的高低，打开或关闭冷却液通向散热器的通道。

（3）快速识别方法与技巧

大多数发动机节温器都安装在发动机冷却水上部的出水口处。这样的设置是便于维修，同时在更换冷却水时，使空气容易排出，不易使水系产生气蚀，其缺点是在节温器工作时会产生振荡现象。

有的节温器装在散热器的出水管路中。这种布置方式可以减轻或消除节温器振荡现象，并能精确地控制冷却液温度，但其结构复杂，成本较高，多用于高性能的汽车及在冬季经常高速行驶的汽车上。

也有的节温器安装在水泵的入水口处，克服了上述发动机水温的起伏变化。

（4）常见故障及解决办法

节温器常见的故障是节温器打不开，其故障现象为发动机冷却液没有循环，导致发动机水温高。

1.6.3 散热器

（1）外观、结构与安装位置（图1-6-3）

(a) 外观图

图 1-6-3

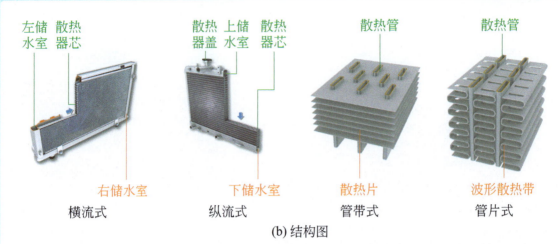

横流式　　　　纵流式　　　　管带式　　　　管片式

(b) 结构图

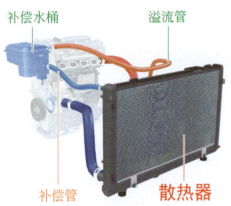
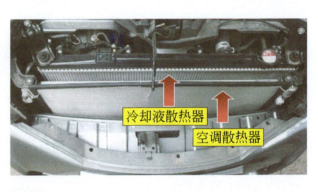

(c) 位置图

图 1-6-3　散热器

（2）工作原理与作用

冷却液在散热器芯内流动，空气从散热器芯外通过。热的冷却液由于向空气散热而变冷，冷空气则因为吸收冷却液散出的热量而升温。散热器通过加大冷却液与空气的接触面积，利用空气流动降低冷却液热量，达到散热效果。

（3）快速识别方法与技巧

❶ 散热器安装在车辆的前方，在空调散热器的后面、冷却风扇的前面。

❷ 连接冷却液水管。

❸ 水箱盖上贴有"小心烫伤"类似的警告。

（4）常见故障及解决办法

散热器常见的故障为泄漏和堵塞。

散热器泄漏的故障现象为散热器上有冷却液水迹，严重时伴有水温高，需更换散热器。

散热器堵塞的故障现象为冷却液温度异常，多数是用了劣质的冷却液导致生锈，锈迹堵塞了散热器，需更换散热器。

1.6.4 冷却风扇

（1）外观、结构与安装位置（图1-6-4）

(a) 外观图　　　　　　　　　　　　　　(b) 结构图

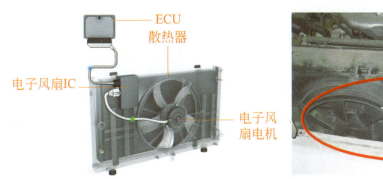

(c) 位置图

图 1-6-4　冷却风扇

（2）工作原理与作用

冷却风扇的作用是增加流过散热器芯的空气量，增强散热器的散热能力。

当冷却风扇 IC（集成电路调节器）通过电刷在线圈中形成电流流动，产生电磁力，线圈在电磁力作用下产生旋转运动，实现了将电能转换为机械能。

（3）快速识别方法与技巧

冷却风扇一般安装散热器的前面或后面，为单风扇或双风扇。

（4）常见故障及解决办法

冷却风扇常见的故障是异响或不工作。

冷却风扇异响，其故障现象是冷却风扇转动时产生异响，清洁异物后不能解决，则需要更换电子风扇。

如果冷却风扇不工作，则会水温高，需要排除线路故障或是冷却风扇故障。

1.7 点火系统

点火系统由电源（蓄电池或发电机）、点火线圈、火花塞、点火开关、发动机控制单元及控制电路组成。

以火花塞为例，其识别技巧及故障处理方法如下。

（1）外观、结构与安装位置（图1-7-1）

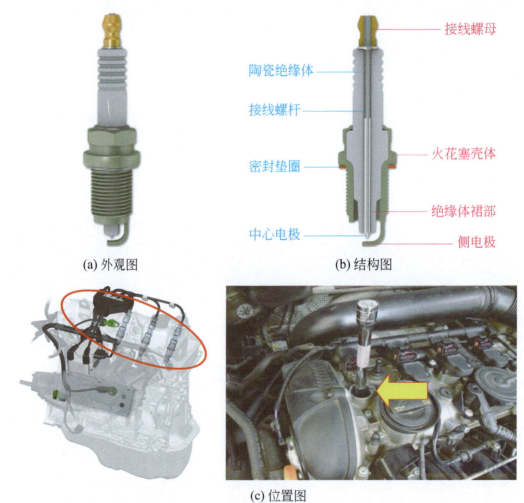

(a) 外观图　　(b) 结构图

(c) 位置图

图1-7-1　火花塞

（2）工作原理与作用

火花塞的作用是将点火线圈产生的脉冲高电压引入燃烧室，并在其两电极之间产生电火花，以点燃可燃混合气。

钢质的火花塞壳体内部固定有陶瓷绝缘体，绝缘体中心孔上部有金属接线螺杆，接线螺杆上端有接线螺母，用来接高压导线；绝缘体下部有中心电极。

（3）快速识别方法与技巧

火花塞安装在气缸盖上，连接在点火线圈次级绕组末端。

（4）常见故障及解决办法

火花塞常见的故障为积炭、机油油污、积灰、损坏、漏电，其故障现象多为车辆怠速抖动、加速无力。

火花塞出现积炭、机油油污、积灰，可对其清洁后继续使用。

火花塞出现损坏、漏电，则需更换火花塞。

1.8 发动机附件及线束

（1）外观、结构与安装位置（图1-8-1）

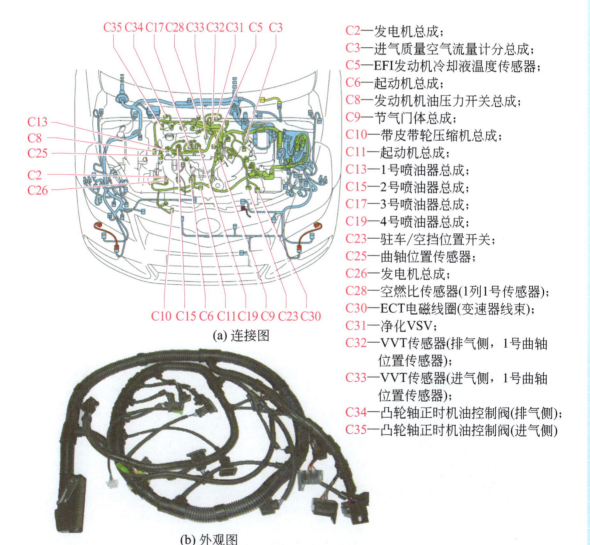

C2—发电机总成；
C3—进气质量空气流量计分总成；
C5—EFI发动机冷却液温度传感器；
C6—起动机总成；
C8—发动机机油压力开关总成；
C9—节气门体总成；
C10—带皮带轮压缩机总成；
C11—起动机总成；
C13—1号喷油器总成；
C15—2号喷油器总成；
C17—3号喷油器总成；
C19—4号喷油器总成；
C23—驻车/空挡位置开关；
C25—曲轴位置传感器；
C26—发电机总成；
C28—空燃比传感器(1列1号传感器)；
C30—ECT电磁线圈(变速器线束)；
C31—净化VSV；
C32—VVT传感器(排气侧，1号曲轴位置传感器)；
C33—VVT传感器(进气侧，1号曲轴位置传感器)；
C34—凸轮轴正时机油控制阀(排气侧)；
C35—凸轮轴正时机油控制阀(进气侧)

(a) 连接图

(b) 外观图

图1-8-1　发动机线束

（2）工作原理与作用

发动机线束安装在车辆发动机舱内，连接车辆电源、熔丝、发动机传感器、执行器等，并且给发动机传感器供电、传输信号。

（3）快速识别方法与技巧

发动机线束在发动机舱内，围绕着发动机，连接着发动机传感器、执行器、发动机控制单元等。

（4）常见故障及解决办法

发动机线束常见故障为线束短路、断路和接触不良，其故障现象多为发动机怠速抖动、发动机加速不良、发动机不能启动或者启动困难，多数伴有仪表上发动机故障灯点亮。

1.9 配气机构

1.9.1 正时机构

（1）外观、结构与安装位置（图1-9-1）

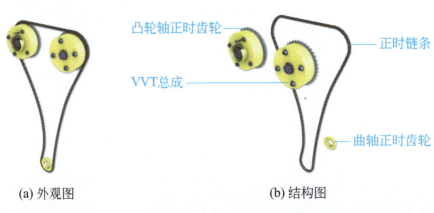

(a) 外观图　　　　　　　　　　(b) 结构图

(c) 位置图

图1-9-1　正时机构

（2）工作原理与作用

正时链条将曲轴正时齿轮的动力传递给凸轮轴正时齿轮，并且保证了曲轴正时齿轮与凸轮轴正时齿轮正确的相对位置。

（3）快速识别方法与技巧

正时链条或正时皮带安装在发动机的凸轮轴皮带轮和曲轴皮带轮处，正常情况下由正时皮带盖保护。

（4）常见故障及解决办法

正时链条或正时皮带常见的故障为正时错位，其故障现象多为车辆启动困难、加速无力、低速时熄火。

检查时，可先使用电脑诊断仪读取发动机是否有故障码，再读取发动机进气压力数据流，如果正时不对，进气压力数据流会比正时常值偏高。

一般情况下，正时不对只需要对配气相位进行重新校对即可，除非是有零件损坏导致的正时错位。

1.9.2 正时链条张紧器

（1）外观、结构与安装位置（图1-9-2）

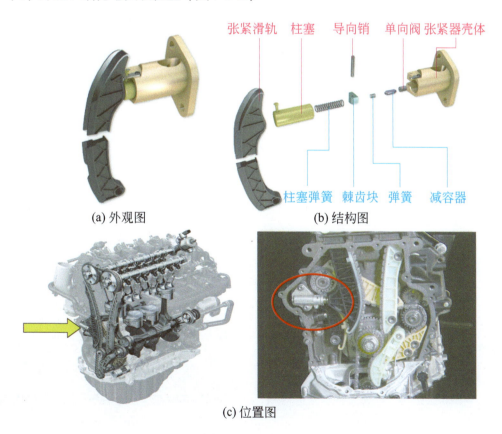

(a) 外观图　　(b) 结构图

(c) 位置图

图1-9-2　正时链条张紧器

（2）工作原理与作用

张紧器作用在发动机的正时皮带或正时链条上，对其起导向和张紧的作用，使其始终处于最佳张紧状态。一般分为油压和机械两种方式，它们都可以自动地对正时皮带和正时链条进行张紧度的调节。

（3）快速识别方法与技巧

正时链条张紧器安装在正时链条上，具有自动调节装置。

（4）常见故障及解决办法

正时链条张紧器常见的故障为失去调节功能，其故障现象多为正时配气相位错乱，严重时会导致发动机正时错乱，对发动机造成较大的损伤。

一般对正时链条或正时皮带进行拆装时，都要对正时链条张紧器进行检查，如果有异常就需要更换。

1.9.3 凸轮轴

（1）外观、结构与安装位置（图1-9-3）

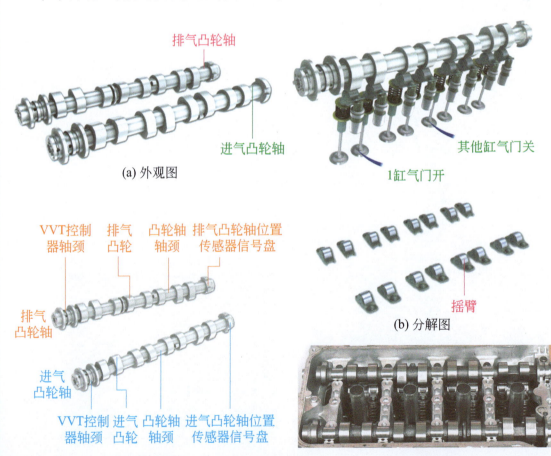

图 1-9-3 凸轮轴

（2）工作原理与作用

凸轮轴使气门按一定的工作次序和配气相位及时开闭，并保证气门有足够的升程。凸轮轴由发动机曲轴驱动旋转，并将力传递给摇臂。

通过将凸轮轴的旋转运动转变为摇臂的上下摆动，从而控制气门的开启。

（3）快速识别方法与技巧

现代发动机多采用凸轮轴顶置式配气机构，即凸轮轴安装在气缸盖上。拆下发动机气门室盖就能找到凸轮轴、摇臂。

（4）常见故障及解决办法

凸轮轴常见的故障为磨损，其故障现象为发动机异响。

当发动机运行时，发动机会出现一些清脆的异响，随着速度的加快，异响也会越来越频繁。

出现凸轮轴磨损时，需要更换凸轮轴、轴承座等相关的配件。

1.9.4 气门组

（1）外观、结构与安装位置（图1-9-4）

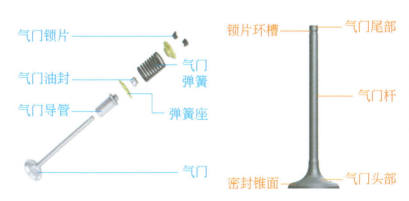

(a) 外观图　　　　　　　　　　(b) 结构图

(c) 位置图

图1-9-4　气门组

（2）工作原理与作用

气门是燃烧室的组成部分，在活塞压缩和做功过程中密封气缸。同时，气门在进、排气行程中打开或关闭进排气道。

气门导管的作用是为气门的运动导向，保证气门做直线往复运动。同时，气门还为气门杆散热。

气门弹簧的作用是使气门及时关闭，并保证气门与气门座紧密贴合，防止气门发生跳动。

气门锁片的作用是使气门与气门弹簧座紧密贴合，防止气门在运动过程中脱落。

（3）快速识别方法与技巧

气门安装在凸轮轴和摇臂的下方，在气缸盖的里面；进气门的头部比排气门的头部大。

（4）常见故障及解决办法

气门常见故障是漏机油，其故障现象是发动机烧机油、机油消耗快。

可以通过检查发动机气缸压力，再对测量数据进行分析，即可对气门漏油进行准确的判断。

如果尾气为较浓的蓝色烟雾，说明车辆已经存在烧机油的现象。如果在热车之后，蓝色烟雾消失，则这类烧机油属于凉车烧机油（主要由于气门油封老化或破损，造成密封效果不良，机油从气门处进入气缸）。

1.9.5　可变气门正时系统相位控制器

（1）外观、结构与安装位置（图1-9-5）

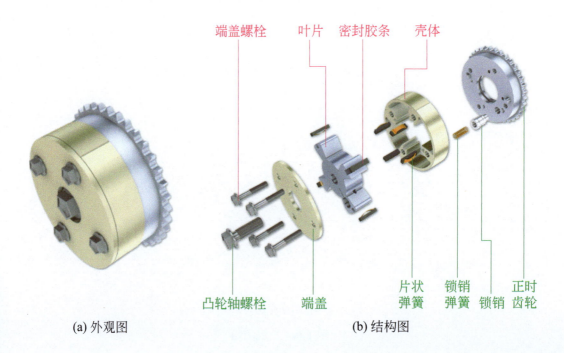

(a) 外观图　　　　　　　　　　(b) 结构图

(c) 位置图

图 1-9-5 可变气门正时系统（VVT）相位控制器

（2）工作原理与作用

VVT 通过控制进气门开启角度提前或延迟来调节进气量、气门开合时间和角度，使进入的空气量达到最佳，提高燃烧效率，以达到低转速时进气量少，减少油耗，高转速时进气量大，增加动力的目的。

叶片式 VVT 相位控制器实际上是一个摆动油缸。由叶片、壳体及正时齿轮、凸轮轴螺栓、端盖、密封件、片状弹簧、锁销弹簧等组成。壳体与正时齿轮用紧固件连成一体，与链条、曲轴链轮同步转动；叶片通过固定螺栓与进气凸轮轴固连在一起，叶片上有 4 个叶齿。外壳内加工有 4 个凹槽，叶片的 4 个叶齿嵌装在外壳的 4 个凹槽内。叶片的宽度小于外壳内凹槽的宽度，叶片与外壳装配后可在外壳的凹槽内来回转动。每个叶片将外壳内凹槽隔成两个工作腔，即"提前工作腔"和"延迟工作腔"。

（3）快速识别方法与技巧

VVT 相位控制器安装在凸轮轴上，作为正时皮带或正时链条的传动轮。

（4）常见故障及解决办法

VVT 相位控制器常见的是机械故障，其故障现象多为发动机动力不足、怠速抖动。检查方法：

❶ 读取数据流，怠速时进气凸轮轴调整相位数据应为 0°，若不正常，则检查正时机油控制电磁阀电源电压；

❷ 如果正时机油控制电磁阀电源电压正常，则检查 VVT 相位调节器；

❸ 拆下 VVT 相位调节器检查是否有卡死。

1.10 曲柄连杆机构

曲柄连杆机构主要由三部分组成：机体组（气缸体、气缸盖、气缸垫）、活塞连杆组和曲轴飞轮组。

1.10.1 气缸体

（1）外观、结构与安装位置（图1-10-1）

(a) 外观图

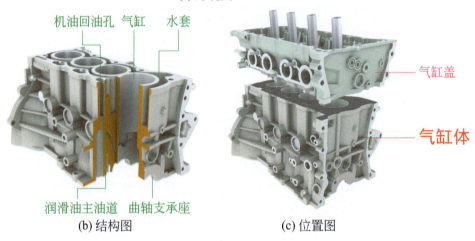

(b) 结构图　　　　　　　　(c) 位置图

图 1-10-1　气缸体

（2）工作原理与作用

气缸体是发动机的支架，是曲柄连杆机构、配气机构和发动机各系统主要零件的装配基体。

（3）快速识别方法与技巧

气缸体位于气缸盖的下方、油底壳的上方，在车辆上只能看到外观，拆下气缸盖后才能看到气缸体内部。

（4）常见故障及解决办法

气缸体常见的故障为磨损、拉伤、敲缸、积炭，其故障现象多为发动机烧机油、异响、冷车启动困难、加速不良。

磨损则是曲轴主轴颈由于装配问题或缺少润滑油导致，同时会产生异响，需要对发动机的异响位置进行判断，如果出现主轴颈的磨损，则需要对缸体进行修复或更换。

可以通过内窥镜检查气缸壁是否有拉伤，如出现拉伤，则需要对缸体进行修复或更换。

敲缸通常是由于气缸磨损较大，出现了较大的间隙，在急加速时出现清脆的敲缸声音，如出现敲缸，则需要对缸体进行修复或更换。

1.10.2 气缸盖、气缸垫

（1）外观、结构与安装位置（图1-10-2）

(a) 气缸盖外观图

(b) 气缸垫外观图

(c) 气缸盖结构图

(d) 位置图

图1-10-2 气缸盖、气缸垫

（2）工作原理与作用

气缸盖用于封闭气缸的上部，并与活塞顶、气缸壁共同构成一个密闭的可变空间（燃烧室）。

气缸垫用来保证气缸体与气缸盖结合面间的密封。

（3）快速识别方法与技巧

气缸盖为铝材质，在发动机上部位置，从发动机舱能够看到。

（4）常见故障及解决办法

气缸盖常见的故障为变形，其故障现象多为漏水、漏油、漏气。

气缸垫常见的故障、故障现象与气缸盖一样。

同两者的故障、故障现象一样，在检查时应确认真正的故障位置。

如果是气缸故障，则需修复或更换。

如果是气缸垫的故障，则更换气缸垫。

1.10.3　活塞连杆组

（1）外观、结构与安装位置（图1-10-3）

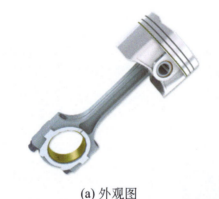

(a) 外观图

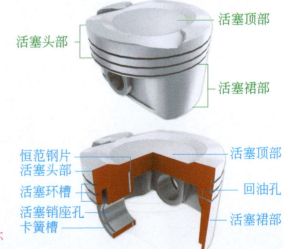

图 1-10-3 活塞连杆组

（2）工作原理与作用

活塞连杆组将活塞的往复运动转变为曲轴的旋转运动，同时将作用于活塞上的力转变为曲轴对外输出的转矩。

活塞的主要作用是承受气缸中的气体压力，并将此压力通过活塞销传递给连杆，以推动曲轴旋转。活塞顶部还与气缸盖、气缸壁等共同组成燃烧室。

活塞环是中间断开的弹性金属环，它包括气环和油环两种。活塞上部安装气环，下部为油环。活塞环装在活塞上时，环的开口相互错开，三道环之间相互错开 120°。

❶ 气环。气环用于保证活塞与气缸壁间的密封，防止气缸中的高温、高压燃气大量漏入曲轴箱，同时还将活塞顶部的大部分热量传给气缸壁，起到导热作用。

❷ 油环。油环在活塞下行时，刮除气缸壁上多余的机油；在活塞上行时，将机油均匀涂布在气缸壁上。这样既可以防止机油窜入气缸燃烧，又可以减小活塞、活塞环与气缸壁的磨损与摩擦阻力。

活塞销通常用低碳钢或低碳合金钢做成空心圆柱体，它的作用是连接活塞和连杆，将活塞承受的气体作用力传给连杆。

连杆分为连杆小头、杆身和连杆大头三部分。

a. 连杆小头用于安装活塞销，连接活塞。全浮式连杆小头内压有润滑衬套。

b. 杆身多采用"工"字形断面，以提高其抗弯刚度。杆身内有纵向的压力油通道，以对活塞销进行压力润滑。

c. 连杆大头通过轴承与曲轴的连杆轴颈相连。为便于安装，通常将连杆大头做成剖分式，上半部与杆身一体，下半部即为连杆盖，两者通过螺栓装合，其中有油道通向活塞销。

连杆轴承采用钢背和减摩层组成的分开式薄壁滑动轴承，内表面有油槽，用以储油和保证润滑。

连杆与轴承的作用是连接活塞和曲轴，把活塞的往复运动转变为曲轴的旋转运动，并将活塞承受的力传给曲轴。

（3）快速识别方法与技巧

活塞连接组安装在气缸体内，不能直接从外面看到，需拆卸气缸盖或油底壳。

（4）常见故障及解决办法

活塞连接组常见的故障为活塞环对口、烧机油、拉缸、窜气。其故障现象多为排气管冒蓝烟、机油消耗快、动力不足。

活塞环对口是由于使用时间较长，气缸与活塞环之间的间隙变大，在往返的运动中，活塞环慢慢移位导致的，出现活塞环对口时，需要更换活塞环，再对气缸进行检测，如不符合要求则需要进行修复或更换。

活塞、缸套、活塞环摩擦过度，会使其密封性能下降，磨损来源在于发动机的磨粒。磨粒来源于：

❶ 发动机装配环境差，大量灰尘落入机器中；

❷ 各零件清洁度差，表面有大量的细小颗粒；

❸ 机体、缸盖等铸件清洁不彻底，有沙粒残留在其中；

❹ 空气滤清器失效；

❺ 零件磨损磨粒。

以上这些磨粒会在发动机运行一段时间后，进入机油中，造成活塞、缸套、活塞环摩擦副磨损，如果没有及时更换机油，将导致发动机早期烧机油窜气。

若出现上述故障，需要对气缸、活塞进行检测，如不符合要求则需要进行修复或更换。

1.10.4 曲轴飞轮组

（1）外观、结构与安装位置（图1-10-4）

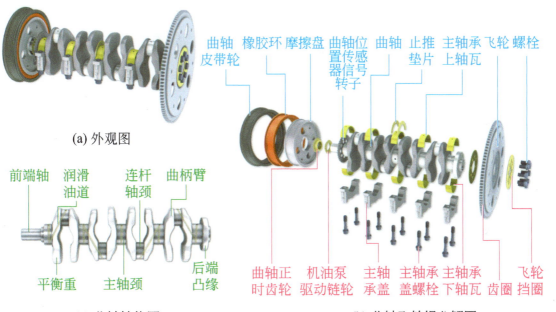

(a) 外观图

(c) 曲轴结构图

(b) 曲轴飞轮组分解图

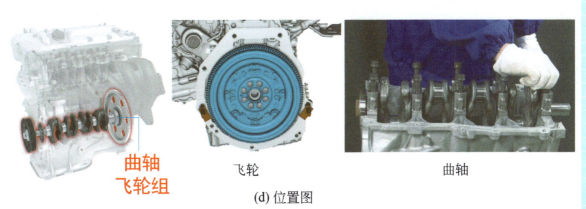

(d) 位置图

图1-10-4 曲轴飞轮组

（2）工作原理与作用

曲轴承受活塞连杆组传来的力，并由此产生绕其本身轴线的转矩，并将转矩对外输出。同时，曲轴还为活塞连杆组的上行运动提供动力。

飞轮的主要作用是储存做功行程的一部分动能，以克服其他行程中的阻力，使曲轴均匀旋转，使发动机具有克服短时超载的能力。

（3）快速识别方法与技巧

曲轴安装在曲轴箱内，即安装在气缸体下方，通过轴承盖固定在气缸体上；飞轮安装在发动机曲轴后侧，在变速器一侧，与变速器连接。

（4）常见故障及解决办法

故障1： 曲轴轴颈磨损后与轴瓦配合间隙增大。

可能是因为机油太少或机油中存在着硬质磨料、机油变质（含酸性物质）、轴颈与轴瓦的配合间隙过大或过小，致使油膜难于形成，发生干摩擦会早期磨损。

故障2： 曲轴轴颈表面划痕或拉伤。

没有按时更换油底壳的润滑油，使润滑油中含有较大的金属物等磨粒混进轴瓦和轴颈的缝隙里，划伤和拉伤摩擦表面。

出现以上故障时，需要更换曲轴、曲轴瓦，同时还要检查气缸体上的轴承位置是否有损伤。

视频精讲

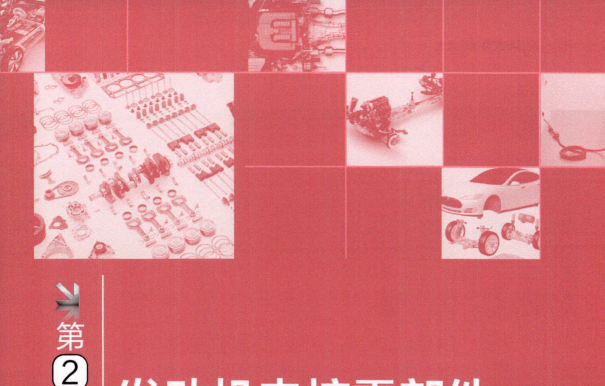

第 2 章 发动机电控零部件

2.1 喷油嘴

（1）外观、结构与安装位置（图2-1-1）

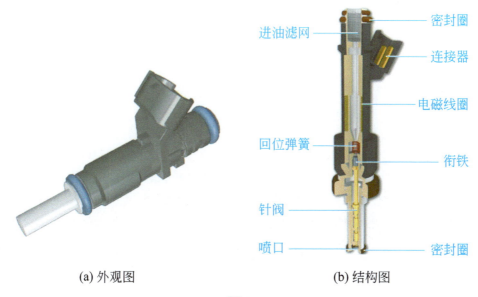

(a) 外观图　　　　　　　(b) 结构图

图 2-1-1

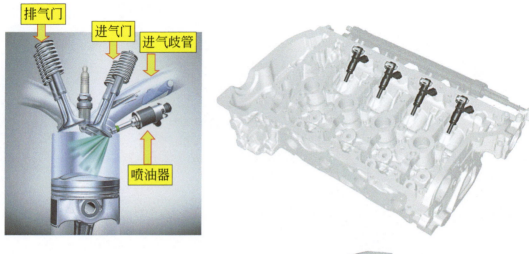

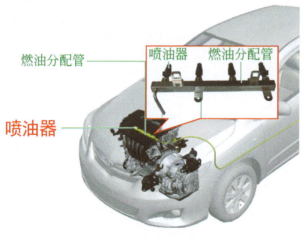

(c) 位置图

图 2-1-1　喷油器

(2) 工作原理与作用

喷油器的作用是根据电控单元的指令将燃油以雾状的形态喷入进气管内。

发动机工作时，电控单元的喷油控制信号将喷油器的电磁线圈与电源回路接通。电磁线圈有电流通过便产生磁场，磁芯被吸引，同磁芯为一体的针阀向上移动碰到调整垫时，针阀全开，燃油从喷口喷出。当没有电流通过电磁线圈时，在弹簧的作用下，使针阀下移压在阀座上并起密封作用。

喷油器的喷油量与针阀行程、喷口面积、喷油环境压力及燃油压力等因素有关，但这些因素一旦确定后，喷油量就由针阀的开启时间，即电磁线圈的通电时间来决定。各喷油器的喷油持续时间由电控单元控制，当某缸活塞处于进气行程时，电控单元指令喷油器喷油。

(3) 快速识别方法与技巧

轿车发动机使用的是电磁式喷油器，通过绝缘垫装在进气管上。

(4) 常见故障及解决办法

喷油器常见故障及对车辆的影响，如表 2-1-1 所示。

表 2-1-1　喷油器常见故障及对车辆的影响

故障部位	对燃油供给系统的影响	对发动机的影响
电动喷油器胶结、电动喷油器堵塞	电动喷油器不喷油或喷油量少，喷油雾化不良	发动机动力下降、加速迟缓、怠速不稳定、容易熄火、发动机不能工作或不稳定
电磁线圈或内部线路连接处断路	电动喷油器不喷油	发动机工作不稳定或不工作
电动喷油器密封不严	电动喷油器漏油	油耗上升、排气管放炮、发动机启动困难、冒黑烟
电动喷油器阀口积污	喷油量减少	发动机工作不稳定、进气管回火、动力性差、加速差

如果出现以上问题，则需要更换喷油器。

2.2　燃油调节器

（1）外观、结构与安装位置（图2-2-1）

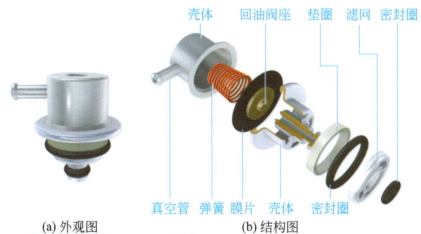

(a) 外观图　　(b) 结构图

安装发动机喷油器轨道上

安装在燃油泵上

(c) 位置图

图 2-2-1　燃油调节器

（2）工作原理与作用

燃压调节器的作用是使燃油供给系统的压力与进气管压力之差即喷油压力保持恒定。

发动机所需要的燃油量是由电控单元给喷油器的通电时间来控制的。如果不控制燃油压力，即使给喷油器的通电时间相同，燃油压力不同，喷油量也不相同。当燃油压力高时，燃油喷射量增加；当燃油压力低时，燃油喷射量减少。喷油器是将燃油喷射在进气道，尽管燃油压力相对大气压力是一定的，但由于进气管内的真空度是不断变化的，因此，即使是使喷油器的通电时间和燃油压力保持不变，喷油量也会发生变化。当进气管内绝对压力低时，燃油喷射量增加；当进气管内绝对压力高时，燃油喷射量减少。油压调节器无论节气门开度多大，都能使喷油器中的油压与进气管负压之差始终保持在约250kPa。这样，喷油器的喷油量完全只受喷油器的通电时间长短控制。

发动机工作时，电动燃油泵将燃油泵入燃油分配管和油压调节器，燃油顶动压力调节器膜片，使油压与弹簧力相平衡，多余的燃油从出口流回燃油箱。当节气门开度增大，使进气管内负压减小时，弹簧使膜片上移，使油压上升；当节气门开度减小，使进气管内负压增大时，弹簧室真空吸力克服弹簧张力使膜片向下拱曲，使油压下降。燃油室内部分燃油流回燃油箱，使油压下降，使喷油压力始终恒定在约250kPa。

（3）快速识别方法与技巧

有些车型的燃油调节器安装在发动机喷油器轨道上；后来大众车型比如朗逸在车底的燃油滤清器内；还有一些车型在油箱内，和油泵组装在一起。

（4）常见故障及解决办法

燃油调节器常见的故障为损坏，其故障现象多为发动机启动困难、加速不良。

检查燃油压力，发动机怠速时的燃油系统压力为304～343kPa，如不正常则更换燃油调节器。

2.3 高压泵

（1）外观、结构与安装位置（图2-3-1）

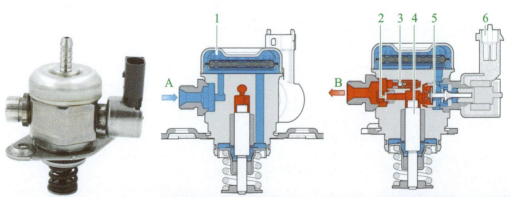

A—低压接口；B—高压接口；1—补偿室；2—高压单向阀；3—溢流阀；
4—泵活塞；5—油量调节阀；6—油量调节阀的电气接口

(a) 外观图　　　　　　　　　　(b) 结构图

第 2 章 发动机电控零部件

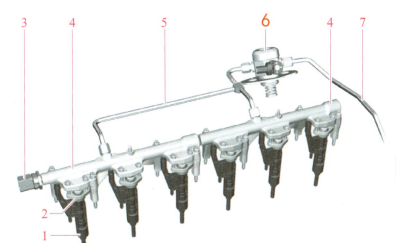

1—喷射器；
2—带卡扣式连接件的固定桥架；
3—共轨压力传感器；
4—直接共轨(每三个喷射器有两个继电器)；
5—高压管路；
6—高压泵；
7—燃油供给管路

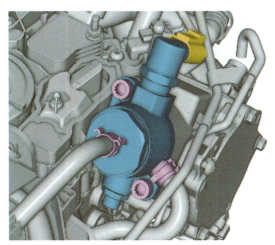

(c) 位置图

图 2-3-1　高压泵

（2）工作原理与作用

通过电动燃油泵产生的预压使燃油通过入口输送至高压泵内。通过油量调节阀和低压单向阀使燃油进入泵元件的燃油室内。在此，燃油通过一个活塞加压并通过高压单向阀输送至高压接口。随后燃油通过高压管路输送至共轨内。

数字式发动机电子系统（DME）根据负荷状态和发动机转速确定所需燃油压力。由共轨压力传感器探测达到的压力水平并将其传输给 DME。通过对比共轨压力规定值与实际值进行调节。按照最佳耗油量和发动机运行平稳性调节共轨压力。

根据规格情况，由链条传动机构或者进气或排气凸轮轴对高压泵进行永久驱动。因此，新燃油通过油量调节阀输送至高压泵时就会持续对燃油加压。

油量调节阀控制共轨内的燃油压力。由 DDE 通过一个脉冲宽度调制信号对其进行控制。根据控制信号释放不同大小的节流横截面并针对具体负荷点调节所需燃油流量。此外还能降低共轨内的压力。

通过打开或关闭燃油供给通道来调节压力。油量调节阀打开时，大部分通过活塞吸入的燃油会被重新压回燃油供给管路内。高压区域的最大压力受到限制。必要时会通过一个溢流阀经接口向低压区域释放高压循环回路的压力。

由于燃油无法压缩，这种方法完全可行。就是说，燃油体积不会随压力改变而改变。向低压区域释放压力时，通过该区域的油液体积抵消所产生的压力峰值。

（3）快速识别方法与技巧

高压泵的安装位置一般是在发动机凸轮轴侧，连接燃油管。

（4）常见故障及解决办法

高压泵常见的故障为电磁阀损坏，其故障现象为车辆启动困难、加速无力。

检查供电电压，相关电路线束插头、熔丝、供电继电器是否正常。

检查高压油泵电磁阀线圈电阻；高压油泵两针脚间电阻，正常值为（0.490±0.025）Ω。如果有差别，则更换高压油泵。

确认高压油泵电磁阀故障；将故障车高压油泵插头拔下，插上一个新高压油泵，车辆怠速时判断高压油泵插头附近是否还有明显的"哒哒"工作声（此步骤无须重新拆装高压油泵，只需要插拔下插头即可）。若有"哒哒"工作声音，则更换换高压油泵；若没有则进一步检查、更换 ECU。

若存在上述声音，说明电磁阀及相关线路无异常，可按如下步骤继续检查。

怠速时拔插头检查油轨压力；拔掉高压油泵插头，通过 ODIS 读取油轨实际压力（106组第2位），正常值为 7bar（$1bar=10^5Pa$，余同）。如有差异进行检查更换低压油路相关零件（燃油泵、燃油滤清器、燃油泵控制单元）。

怠速时插上插头检查滑轨压力；插上高压泵插头，通过 ODIS 读取滑轨实际压力（106组第2位），正常情况应与理论值（106组第1位）近似（相差一般不超过 5bar）。

2.4 燃油压力传感器

（1）外观、结构与安装位置（图2-4-1）

(a) 外观图

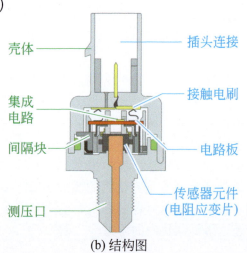

(b) 结构图

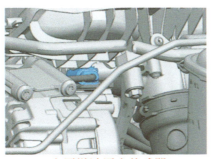 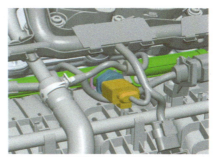

高压燃油压力传感器　　　　　　　低压燃油压力传感器
(c) 位置图
图 2-4-1　燃油压力传感器

（2）工作原理与作用

分析发动机控制单元信号，并通过燃油压力调节阀来调节燃油分配器内的压力。不同的发动机，燃油压力也不同，一般在 0.5～5bar 之间。

高压燃油压力传感器作用：根据信号控制高压燃油系统中的压力。

低压燃油压力传感器作用：根据信号控制低压燃油系统中的压力。

（3）快速识别方法与技巧

高压燃油压力传感器：该传感器应用于直喷式发动机，安装在油管上。

低压燃油压力传感器：该传感器安装在通向两个高压燃油泵的进油管路中。

（4）常见故障及解决办法

高压燃油压力传感器：如果燃油压力传感器失灵，则无法建立燃油高压。发动机以燃油低压紧急运行，导致功率和转矩损失。

低压燃油压力传感器：如果燃油压力传感器失灵，则由燃油压力预调替代燃油压力调节。燃油压力约为 6.5bar。

出现燃油压力传感器故障，则需更换燃油压力传感器。

2.5　节气门总成

（1）外观、结构与安装位置（图 2-5-1）

(a) 节气门总成外观图　　　　(b) 电子节气门(霍尔式)结构图
图 2-5-1

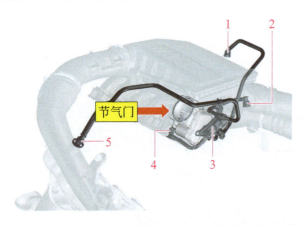

1—活性炭罐通风管路上的接口；
2—节气门前的接口；
3—燃油箱通风阀；
4—节气门后的接口；
5—废气涡轮增压器前的接口

(c) 位置图

图 2-5-1　节气门

（2）工作原理与作用

节气门有传统拉线式和电子节气门两种。

节气门的作用是控制进入发动机内的空气量，节气门被称为发动机的"咽喉"。油门踏板用于控制节气门，我们踩下油门踏板之后，并不是直接控制喷油量的，而是控制节气门开度。踩下油门踏板后，节气门开度会变大，这样进入发动机内的空气量会增加，ECU检测到空气量增加之后会多喷油，这样发动机的转速才会升高，车辆才会加速。

（3）快速识别方法与技巧

节气门安装在进气歧管与空气滤清器之间，所有车型都一样。

节气门的颜色有黑色、银色，节气门体上安装有控制机构，插接器连接发动机线束，并且有真空管。

（4）常见故障及解决办法

节气门最常见的故障为节气门位置传感器故障、节气门插接器接触不良，其故障现象为车辆怠速抖动、加速无力。

解决办法是更换节气门总成。

2.6 空气流量计

（1）外观、结构与安装位置（图2-6-1）

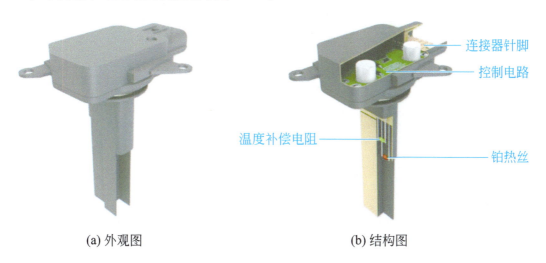

(a) 外观图　　　　(b) 结构图

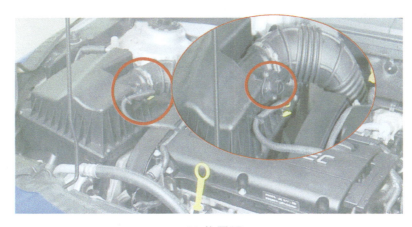

(c) 位置图

图 2-6-1　空气流量计

（2）工作原理与作用

热线式质量空气流量计是一个传感器，用于测量流经节气门的空气流量，并将信息传输给ECM，ECM利用此信息确定最佳空燃比的燃油喷射量。

热线式空气流量计内部有一个暴露于进气流的加热铂丝。ECM向铂丝施加一个特定的电流，以将其加热到设定的温度。进气流冷却铂丝和内部热敏电阻，从而使铂丝和热敏电阻值发生变化。ECM改变施加于质量空气流量计加热铂丝中的电流来保持温度恒定。电流大小与通过传感器的空气流量成比例，ECM则利用该电流在检测分压电阻上的电压变化值来计量进气量（图2-6-2）。

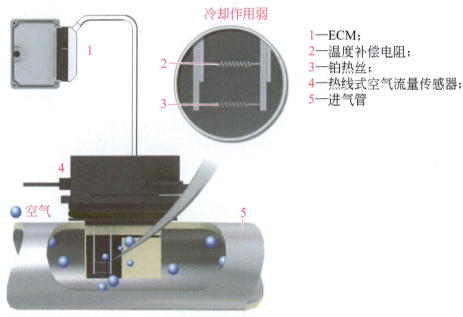

传感器热线受空气流量的冷却作用,阻值大小发生变化,流过热线的电流发生相应变化。控制电路可以检测电流变化并反馈给ECM。ECM检测分压电阻端电压的变化来计量空气进气量

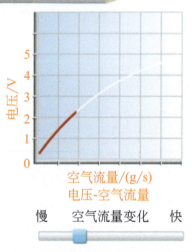

图 2-6-2　热线式空气流量计工作原理

(3) 快速识别方法与技巧

空气流量计安装在空气滤清器后面、节气门前面的真空管上。

(4) 常见故障及解决办法

空气流量计常见的故障为空气流量计本身故障、相关的线束故障,其故障现象多为发动机抖动、加速无力。

使用电脑诊断仪读取故障,确定故障范围,再读取空气流量计数据流。每个车型的数据流均有不同,以丰田卡罗拉为例,如下所示。

正常值:点火开关置于"ON"位置30min,发动机不运转,数据流低于0.23g/s。

若检测值约为0g/s,则说明空气流量计电源电路断路或VG电路断路或短路。

若检测值大于271.0g/s,则说明E2G电路断路。

如不正常,则更换空气流量计。

2.7 进气压力传感器

（1）外观、结构与安装位置（图2-7-1）

进气压力传感器

4芯插头连接

(a) 外观图

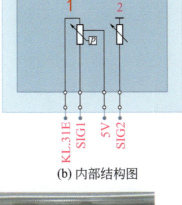

1—进气压力传感器；
2—进气温度传感器；
KL.31E—总线端KL.31，
　　　　电子接地线；
SIG1—进气压力信号；
5V—5V特供电电压；
SIG2—进气温度信号

(b) 内部结构图

(c) 位置图

图2-7-1 进气压力传感器

（2）工作原理与作用

进气压力传感器向发动机控制系统传送节气门后的进气压力信号。进气压力信号用作负荷信号的替代值。

压力传感器元件和一个用于信号放大及温度补偿的传感器电子装置集成在一个硅芯片上。测得的压力作用在硅膜片的工作面上，并作为实际值输入增压压力调节装置中。

（3）快速识别方法与技巧

进气压力传感器通常安装在进气歧管上，传感器的探头插入进气歧管内。

（4）常见故障及解决办法

进气压力传感器常见的故障为进气压力传感器故障、相关的线路故障，其故障现象为车辆怠速不良、加速无力。

测量范围：0.5～4.5V，对应于15～120kPa的进气压力。

进气温度传感器的电阻随着温度在167～150Ω的范围内变化，对应于-40～130℃的温度。

2.8 氧传感器

（1）外观、结构与安装位置（图2-8-1）

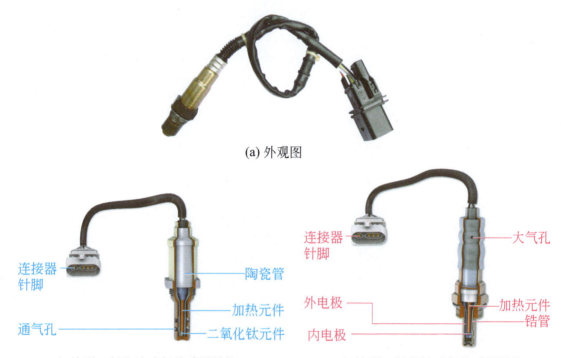

(a) 外观图

加热型二氧化钛式氧传感器结构　　加热型二氧化锆式氧传感器结构

(b) 结构图

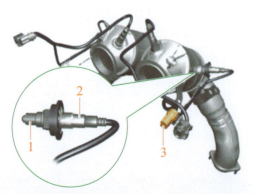

1—后氧传感器；2—壳体；3—4芯插头连接

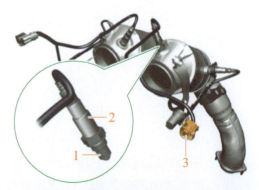

1—前氧传感器(宽带氧传感器)；2—壳体；3—6芯插头连接(5芯被使用)

上游氧传感器

下游氧传感器

(c) 位置图

图 2-8-1 氧传感器

（2）工作原理与作用

❶ 作用。轿车上一般安装有前氧传感器和后氧传感器。前氧传感器安装在发动机排气管和三元催化器之间，主要用于修正喷油量；后氧传感器也称为空燃比传感器，安装在三元催化器之后，用于监视三元催化器的工作状况。

氧传感器用来检测废气中氧的浓度并转换为电信号，将此信号反馈给 ECU，ECU 据此判断可燃混合气的浓度，调节喷油量。可燃混合气的浓度偏稀时增加喷油量，偏浓时减少喷油量，使可燃混合气浓度接近理论值（空燃比 14.7 : 1）。

❷ 原理。以二氧化锆式氧传感器为例，二氧化锆为一种固体电解质，在高温下，氧离子在其内部能够扩散和渗透。当二氧化锆管的内外侧表面分别接触到不同密度的氧时，二氧化锆物质中的氧离子便从内向外扩散，产生电动势，管内外侧的铂电极便产生电压。

在高温及铂的催化下，废气中带负电的氧离子吸附在二氧化锆套管的内外表面上，由于大气中的氧气比废气中的氧气多，套管上与大气相通一侧比废气一侧吸附更多的负离子，两侧离子的浓度差产生电动势，使铂电极产生电压信号，此电压信号在输入回路的比较器中与基准电压对比，以 0.45V 以上为 1、以 0.45V 以下为 0 输入汽车 ECU 中处理，ECU 把高电压信号视作浓混合气，把低电压信号视作稀混合气。根据氧传感器的电压信号，ECU 按照尽可能接近 14.7 : 1 的最佳空燃比来稀释或加浓混合气。

（3）快速识别方法与技巧

氧传感器安装在排气管上，在三元催化器前面的叫上游氧传感器（宽带氧传感器），在三元催化器后面的叫下游氧传感器。

（4）常见故障及解决办法

上游氧传感器常见的故障为氧传感器本身损坏，其故障现象为动力不足、排气管冒黑烟、燃油消耗高。解决方案为更换氧传感器。

下游氧传感器常见的故障为氧传感器本身损坏，其故障现象为组合仪表中排放警示灯亮起。解决方案为更换氧传感器。

2.9 机油压力开关

（1）外观、结构与安装位置（图2-9-1）

(a) 外观图

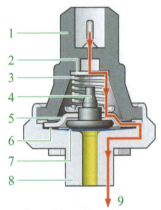
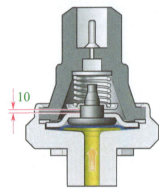

1—由塑料制成的壳体上部件；
2—触电顶端；
3—弹簧；
4—压板；
5—隔板；
6—密封环；
7—隔膜；
8—由金属制成的壳体；
9—触点闭合时的电流；
10—触点打开时的间隔

(b) 结构图

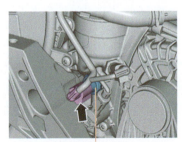

高油压开关

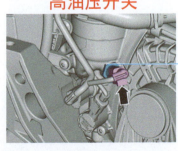

低油压开关

(c) 位置图

图 2-9-1 机油压力开关

（2）工作原理与作用

机油压力开关用于监控润滑系统。发动机处于静止状态且点火开关打开时，机油压力指示灯通过机油压力开关接地，指示灯亮起。启动发动机后，机油压力使接地触点克服弹簧力打开，指示灯熄灭。

机油压力降至某一限值以下时，弹簧力就会关闭触点且机油压力指示灯再次亮起。

如果在发动机运行期间机油压力指示灯亮起，必须立即关闭发动机。否则可能会造成发动机损坏。

（3）快速识别方法与技巧

机油压力开关通常安装在发动机缸体的主油道上，为单线插接器。

（4）常见故障及解决办法

机油压力开关常见的故障为机油油压力开关本身损坏，其故障现象多为机油压力报警灯点亮。

如在行驶中遇到机油报警灯点亮，应立即停车并关闭发动机。

检测油位，必要时添加机油。如果发动机机油位正常，需要进行系统诊断。

2.10 冷却液温度传感器

（1）外观、结构与安装位置（图2-10-1）

(a) 外观图　　　　(b) 结构图　　　　(c) 位置图

图 2-10-1　冷却液温度传感器

（2）工作原理与作用

冷却液温度传感器用于检测发动机冷却液温度，冷却液温度传感器采用负温度系数热敏电阻，其阻值随冷却液温度变化而发生相应变化，冷却液温度越低，电阻值越大；冷却液温度越高，电阻值越小。在传感器输出端输出不同的电压信号至ECU，ECU根据电压信号的变化，对基本喷油量、点火提前角、怠速、尾气排放等控制进行修正。

（3）快速识别方法与技巧

汽车发动机冷却液温度传感器安装在发动机缸体的水套上，与冷却液接触。

（4）常见故障及解决办法

冷却液温度传感器常见的故障为冷却液温度传感器本身的故障，其故障现象多为水温指示与实际水温不准、车辆冷车启动困难。

使用电脑诊断仪读取故障码，并读取水温传感器的数据流及电阻，见表2-10-1和表2-10-2。

表2-10-1 数据流

检查内容	检测数据	检测结果
发动机冷却液温度	80～100℃	正常
	-40℃	传感器电路短路
	140℃或更高	传感器电路断路

表2-10-2 冷却液温度传感器电阻

检查端子	检测条件/℃	标准状态/kΩ
1-2	20	2.32～2.59
	80	0.310～0.326

如不正常，则更换冷却液温度传感器。

2.11 点火线圈

（1）外观、结构与安装位置（图2-11-1）

(a) 外观图　　(b) 结构图

(c) 位置图

图 2-11-1　点火线圈

(2) 工作原理与作用

点火模块和点火线圈形成一个点火组件，单独点火方式点火系统中，每个气缸独立使用一个点火模块，各缸点火线圈的初级绕组分别由点火器中的一个功率三极管控制，整个点火系统的工作由 ECU 控制。

点火模块接收 ECU 的点火控制信号，当某缸的控制信号为低电平时，点火器中对应此缸的功率晶体管导通，点火线圈通电；当某缸的控制信号变为高电平时，对应的三极管截止，磁场迅速消失，线圈中的电流被切断，次级绕组产生高压电，高压电送至火花塞跳火。

(3) 快速识别方法与技巧

点火线圈一般安装在发动机上部，分为独立式和集成式。

(4) 常见故障及解决办法

点火线圈常见的故障为点火线圈本身故障，其故障现象多为不点火（单个或多个）。使用电脑诊断仪读取故障码，确定故障位置，再读取数据流分析缺火次数，更换点火线圈即可解决。

2.12　油门踏板

(1) 外观、结构与安装位置（图 2-12-1）

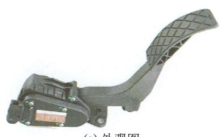

(a) 外观图

图 2-12-1

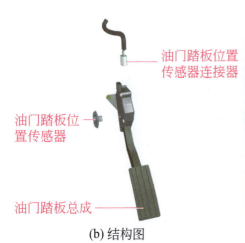
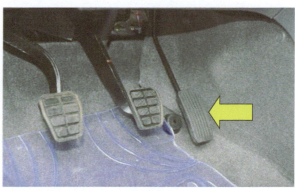

(b) 结构图　　　　　　　　　　(c) 位置图

图 2-12-1　油门踏板

（2）工作原理与作用

油门踏板位置传感器用于检测油门踏板位置，安装在油门踏板支架上。

油门踏板位置传感器的工作原理是施加在 ECM 端子 VPA1 和 VPA2 上的电压在 0～5V 之间变化，并与油门踏板（节气门）工作角度成比例。来自 VPA 的信号，指示实际油门踏板开度（节气门开度），并用于发动机控制。来自 VPA2 的信号，传输 VPA1 电路的状态信息，并用于检查油门踏板位置传感器自身情况。

（3）快速识别方法与技巧

油门踏板安装在驾驶室内，在制动踏板的旁边。

（4）常见故障及解决办法

油门踏板常见的故障为油门踏板位置传感器故障，其故障现象多为发动机加速不良，仪表故障灯点亮。

按表 2-12-1 所示技术参数进行检测，如电源电压没问题，则更换油门踏板。

表 2-12-1　技术参数

检测内容	端子号	条件	规定状态
1号油门踏板位置	—	完全松开油门踏板	0.5～1.1V
		完全踩下油门踏板	2.6～4.5V
2号油门踏板位置	—	完全松开油门踏板	1.2～2.0V
		完全踩下油门踏板	3.4～5.0V
ECM 电压	A3-4（VCPA）与 A3-5（EPA）	点火开关置于"ON"位置	4.5～5.5V
	A3-1（VCP2）与 A3-2（EPA2）		
油门踏板位置控制电路	A3-2（EPA2）与 A3-3（VPA2）	始终	36.60～41.61kΩ
	A3-5（EPA）与 A3-6（VPA）		

2.13 曲轴位置传感器

（1）外观、结构与安装位置（图2-13-1）

霍尔式曲轴位置传感器

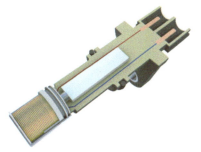
电磁式曲轴位置传感器

(a) 外观图

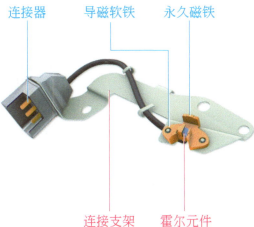
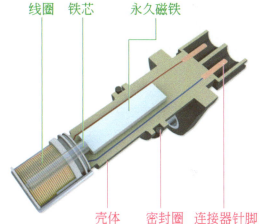

(b) 结构图

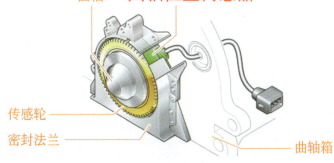

(c) 位置图

图 2-13-1 曲轴位置传感器

（2）工作原理与作用

曲轴位置传感器产生发动机转速信号，用来决定基本喷油量和基本点火提前角；曲轴位置传感器产生曲轴基准位置信号，用以计算曲轴转角，判定曲轴（或活塞）位置。

磁感应式曲轴位置传感器是利用信号转子产生脉冲信号。信号转子凸齿靠近磁极时，磁阻变小，磁通量变大；信号转子凸齿远离磁极时，磁阻变大，磁通量变小。信号转子的凹槽随曲轴旋转到与传感器相对的位置时，使通过传感器内线圈的磁通量发生瞬时变化，产生交变电信号，从而通过线圈产生感应电动势，向ECU提供输出电压信号（图2-13-2）。

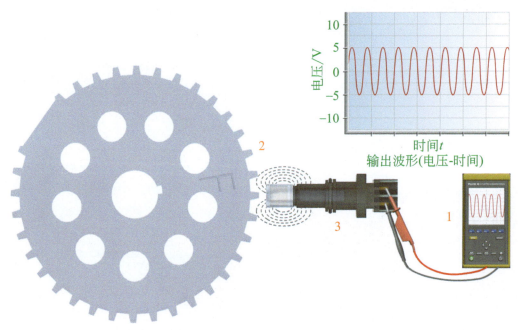

图2-13-2 磁感应式曲轴位置传感器工作原理
1—示波器；2—信号转子；3—曲轴位置传感器

霍尔式曲轴位置传感器利用触发叶片改变通过霍尔元件的磁场强度，从而使霍尔元件产生脉冲的霍尔电压信号，经过放大整形后即为曲轴位置传感器的磁场信号（图2-13-3）。

（3）快速识别方法与技巧

曲轴位置传感器安装在变速器外壳、在飞轮或信号盘上方，探头穿过变速器外壳。

（4）常见故障及解决办法

曲轴位置传感器常见的故障为曲轴位置传感器故障，其故障现象多为车辆不能启动或启动困难。

使用电脑诊断仪读取故障码为P0335（曲轴位置传感器"A"电路故障），拆下曲轴位置传感器检测，如不符合要求则更换（表2-13-1）。

第2章 发动机电控零部件

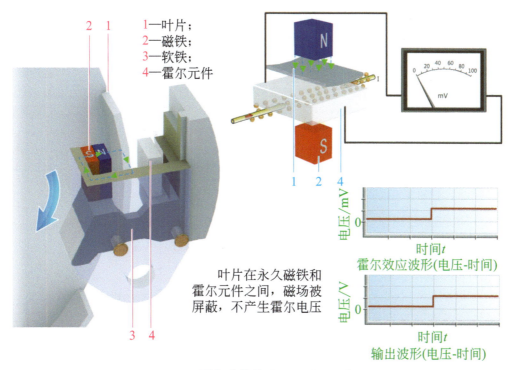

图 2-13-3　霍尔式曲轴位置传感器工作原理

表 2-13-1　技术参数

检测端子	检测条件	规定状态
1 与 2	20℃	1850～2450Ω

2.14 凸轮轴位置传感器

（1）外观、结构与安装位置（图2-14-1）

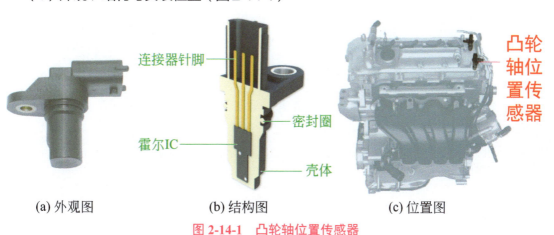

(a) 外观图　　　(b) 结构图　　　(c) 位置图

图 2-14-1　凸轮轴位置传感器

（2）工作原理与作用

凸轮轴位置传感器的功用是采集凸轮轴位置信号，并将信号输入ECU。采集到的信号是发动机ECU的判缸信号，用来确定哪个气缸处于压缩状态。凸轮轴位置传感器与曲轴位置传感器配合工作，使发动机ECU能准确判定活塞上止点位置，从而精确地进行喷油控制、点火正时控制及配气正时控制等。

（3）快速识别方法与技巧

凸轮轴位置传感器是用来检测凸轮轴位置的一个信号装置，是点火主控制信号，一般安装在凸轮轴罩盖前端对着进排气凸轮轴前端的位置。

（4）常见故障及解决办法

凸轮轴位置传感器常见的故障为凸轮轴位置传感器本身故障，其故障现象多为发动机启动困难、加速无力。

使用电脑诊断仪读取故障码为P0342（凸轮轴位置传感器"A"电路低输入），拆下凸轮轴位置传感器检测，如不符合要求则更换。

检测凸轮轴位置传感器应按如下步骤进行：

❶ 读取故障码；
❷ 检测凸轮轴位置传感器脉冲波形；
❸ 检查凸轮轴位置传感器电路。

2.15 爆震传感器

（1）外观、结构与安装位置（图2-15-1）

磁致伸缩式爆震传感器

共振型压电式爆震传感器

非共振型压电式爆震传感器

(a) 外观图

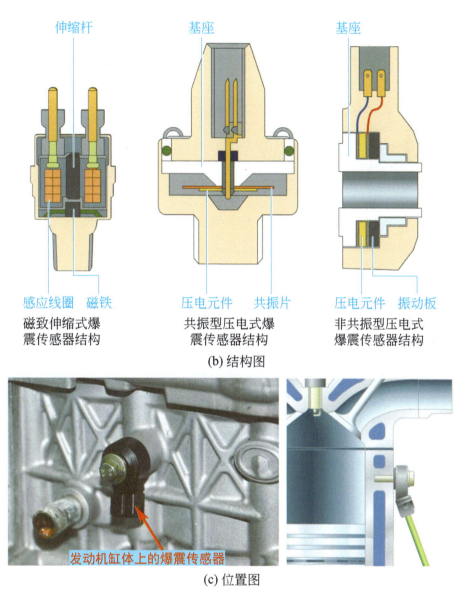

图 2-15-1 爆震传感器

（2）工作原理与作用

发动机的爆震是指发动机气缸内的可燃混合气在火焰前锋尚未到达之前自行燃烧，导致压力急剧上升而引起缸体振动的现象。在发动机工作的临界点或有轻微爆震时，发动机热效率最高，动力性和经济性最好，但剧烈的爆震会使发动机的动力性和经济性严重恶化。

爆震传感器安装在发动机缸体上，通过检测发动机缸体的振动，判断有无爆震发生及爆震强度，并将发动机爆震信号转换为电信号输入发动机ECU，以便ECU修正点火提前角，其目的是为了提高发动机动力性能的同时不产生爆震。

磁致伸缩式爆震传感器是一种电感式传感器，利用电磁感应把被测的物理量如振动、压力、位移等转换成线圈的自感系数和互感系数的变化。再由电路转换为电压或电流的变化量输出,实现非电量到电量的转换。

压电式爆震传感器利用压电效应原理制成。当发动机产生爆震时,发动机缸体出现振动,爆震传感器的壳体与振动板之间产生相对运动,夹在壳体与振动板之间的压电陶瓷所受的压力发生变化,利用压电陶瓷的压电效应将振动转化为电压信号输入 ECU,ECU 根据输入信号判断发动机有无爆震及爆震的强度。通过控制点火时刻防止爆震,有爆震则推迟点火时刻,无爆震则提前点火时刻,使点火时刻在任何工况都保持最佳值,即实现爆震控制。

(3)快速识别方法与技巧

爆震传感器安装在发动机缸体中间,以四缸机为例安装在2缸和3缸之间,或者1缸、2缸中间一个,3缸、4缸中间一个。其作用是用来测定发动机抖动度,当发动机产生爆震时用来调整点火提前角。

(4)常见故障及解决办法

爆震传感器常见的故障为爆震传感器本身故障,其故障现象为不能检测到发动机爆燃信号,不能自动推迟点火时间,发动机会产生爆燃,发动机动力不足,并且有敲缸的声音。

检测爆震传感器应按如下步骤进行:

❶ 检测爆震反馈值;
❷ 检测爆震信号波形;
❸ 检测 ECM 电压;
❹ 检查爆震传感器与 ECM 之间的电路;
❺ 检查爆震传感器电阻。

2.16 凸轮轴调节阀

(1)外观、结构与安装位置(图2-16-1)

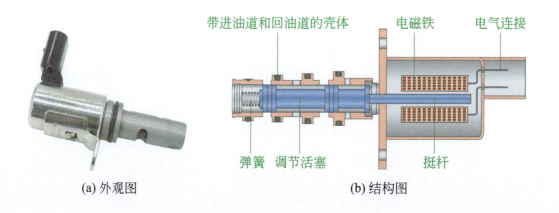

(a)外观图　　　　　　　　　　　　(b)结构图

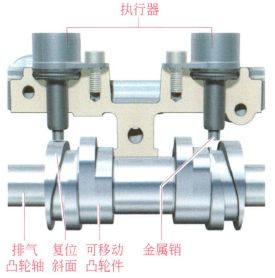
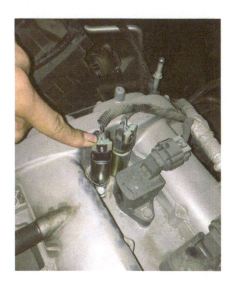

(c) 位置图

图 2-16-1 凸轮轴调节阀

（2）工作原理与作用

凸轮轴正时机油控制阀的作用是根据发动机 ECM 的控制信号控制滑阀位置，从而控制油流是通往 VVT 相位控制器提前工作腔还是延迟工作腔，并控制油流的流量。

发动机曲轴位置传感器、质量空气流量计、节气门体位置传感器、冷却液温度传感器、凸轮轴位置传感器和车速传感器等将信息传递给 ECM，ECM 根据这些信息与预定储存在 ECU 内部的参数值进行对比、修正，确立气门正时目标值，然后将计算出的目标值信号发送给凸轮轴正时机油控制阀（OCV），OCV 根据 ECU 信号调节 OCV 阀芯的位置，即改变液压流量，把提前、滞后、保持不变等信号以油压方式反馈至 VVT 相位控制器的不同油道上。VVT 相位控制器通过调整凸轮轴转动角度从而达到调整进气（排气）量和气门开合时间、角度，使进入的空气量达到最佳，提高燃烧效率。

（3）快速识别方法与技巧

凸轮轴调节阀一般在靠近凸轮轴的位置并安装气缸盖上，头部直接插入气缸盖内，露在外面的部分为银色。

（4）常见故障及解决办法

凸轮轴调节阀常见的故障为凸轮轴调节阀本身故障，其故障现象多为怠速不稳、加速无力。

VVT 执行器检修步骤：

❶ 使用故障诊断仪确认故障；
❷ 检查凸轮轴正时机油控制阀线束和连接器；
❸ 检查凸轮轴正时机油控制阀总成电阻（表 2-16-1）及其移动情况；
❹ 安装凸轮轴正时机油控制阀总成。

表 2-16-1　标准电阻

万用表连接	条件	规定状态
1-2	20℃	6.9～7.9Ω

2.17 曲轴箱强制通风阀

（1）外观、结构与安装位置（图2-17-1）

(a) 外观图

主要标注：
- 曲轴箱旁通阀（在非常高的发动机转速时打开，因为此时曲轴箱流速很高，所以油气在这里也可以进行分离）
- 压力调节阀
- 连接活性炭罐
- 曲轴箱和缸盖的曲轴箱通风管
- 曲轴箱通风管（连接在增压器前、增压模式下起作用）
- 旋流分离器
- 旋流分离器
- 曲轴箱通风管（连接在增压器前、增压模式下起作用）
- 止回阀2(开)
- 止回阀1(关)
- 连接到活性炭罐
- 曲轴箱强制通风的标定孔
- PCV阀膜片(拆下状态)
- 旋流分离器
- 曲轴箱窜气上气管路
- 曲轴箱通风管（连接到进气歧管，这是最新产品的状态，和目前的状态不同）

(b) 结构图

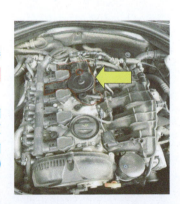

主要标注：
- 分离后气体进入增压器通道（外部可见通道）
- 精细式油气分离器
- PCV阀
- 分离后气体进入进气管通道（内部通道）
- 带单向阀的精细式油气分离器的回油通道
- 粗油气分离器的回油通道（低于油底壳油位）
- 油底壳回油管的单向阀（低于油底壳油位）
- 挡板式粗油气分离器

(c) 位置图

图 2-17-1　曲轴箱强制通风（PCV）阀

（2）工作原理与作用

发动机 PCV 阀的作用是：防止机油变质；防止曲轴油封、曲轴箱衬垫渗漏；防止泄漏的混合气污染环境。

发动机低速小负荷工况时，曲轴箱内窜入的混合气多，使曲轴箱内压力增大，在真空度控制下，PCV 阀打开，将混合气抽进气缸再次燃烧。

发动机高速高负荷时，曲轴箱内窜入的混合气少，在真空度控制下 PCV 阀打开，将混合气抽进气缸再次燃烧，同时，有空气从呼吸管进入曲轴箱，防止曲轴箱产生负压。

（3）快速识别方法与技巧

对于发动机 PCV 阀，不同车型其位置也很多变，有的在缸体上，有的在气门室盖罩上，还有的直接集成在气门室盖罩内。本例是 EA888 发动机的 PCV 阀，装在气门室盖罩上。

（4）常见故障及解决办法

发动机 PCV 阀常见的故障是漏气，其故障现象多为发动机怠速不稳、故障灯报警、产生口哨声的异响、冒黑烟或冒蓝烟。应拆检堵漏或更换。

发动机 PCV 阀损坏，最简单的判断方法是：

❶ 看排气管里有没有冒蓝烟；
❷ 是否存在烧机油现象。

2.18 增压压力传感器

（1）外观、结构与安装位置（图2-18-1）

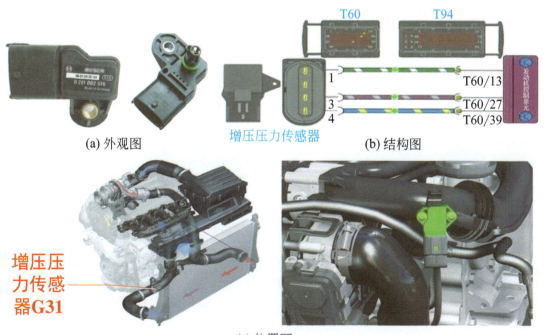

图 2-18-1 增压压力传感器

（2）工作原理与作用

在有些带有废气涡轮增压系统的车型上也安装了一个进气歧管压力传感器，这个传感器一般命名为增压压力传感器，其作用有以下两点。

❶ 监控增压压力，当压力过高时，发动机控制模块会适当减小涡轮增压效果，以保护发动机。

❷ 当增压后的进气温度超差后，系统也同样会降低增压压力。

（3）快速识别方法与技巧

增压压力传感器安装在增压空气冷却器和节气门之间的空气管道中。

（4）常见故障及解决办法

增压压力传感器常见的故障是增压压力传感器本身故障，其故障现象多为发动机故障灯点亮、发动机加速无力。

增压压力传感器的检测方法如下。

❶ 增压压力传感器用于检测大气压力并确定海拔，以及控制喷油参数的修正。

❷ 增压压力传感器集成在 ECU 内，其允许的测量误差为 ±0.003MPa，在海平面上大气压力设定值为 0.1MPa，相应的大气压力传感器的信号电压为 4V 左右。

❸ 增压压力传感器位于 ECU 内，从外面无法检测，但可以用诊断仪读数据流，有关增压压力传感器的数据流一般有两个：大气压力和大气压力传感器输出电压值。

❹ 增压压力传感器失效时，对柴油机性能略有影响。

❺ 增压压力传感器损坏后，一般不能修理，只能更换 ECU 总成。

2.19 涡轮增压器循环空气阀

（1）外观、结构与安装位置（图 2-19-1）

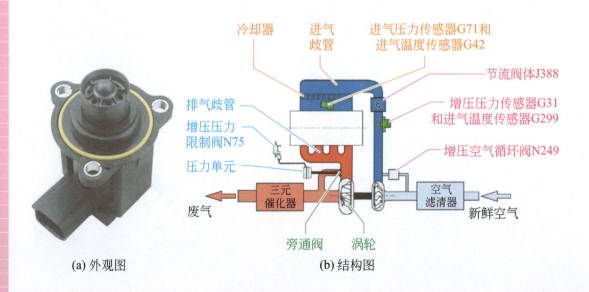

(a) 外观图　　　(b) 结构图

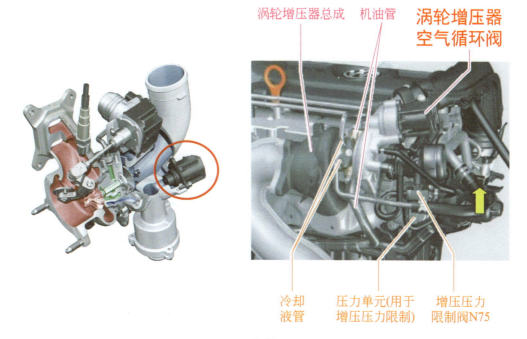

(c) 位置图

图 2-19-1 涡轮增压器循环空气阀

（2）工作原理与作用

控制增压的空气量，可以把增压后的空气重新引入增压器前。

当发动机在高速运行，驾驶员迅速收油门时，涡轮增压器排气侧的增压气体未能迅速减少，增压器的叶轮转速依然很高，但进气侧由于节气门的暂时关闭，使进气侧气体供给不足，从而导致进气侧叶轮受到比较大的空气阻力，从而影响舒适感及增压器寿命。

而安装了 N249 循环空气阀后，相当于在增压后及增压前建立了一个短路通道，当遇到上述情况时就将此通道打开，避免了不利的情况发生。

（3）快速识别方法与技巧

涡轮增压器循环空气阀安装在涡轮增压器的上方，外壳为黑色。

（4）常见故障及解决办法

涡轮增压器循环空气阀常见的故障为涡轮增压器循环空气阀本身损坏，其故障现象多为发动机故障灯点亮，急加速时动力不足。

检查方案如下。

❶ 使用电脑诊断仪读取故障码为 17608（涡轮增压器循环空气阀 N249 机械故障），拆下涡轮增压器循环空气阀，测量其电阻值符合规定，再测量其线路也正常。

❷ 对准阀的进气口吹气，能比较明显地感觉到漏气。

2.20 增压调节器

（1）外观、结构与安装位置（图2-20-1）

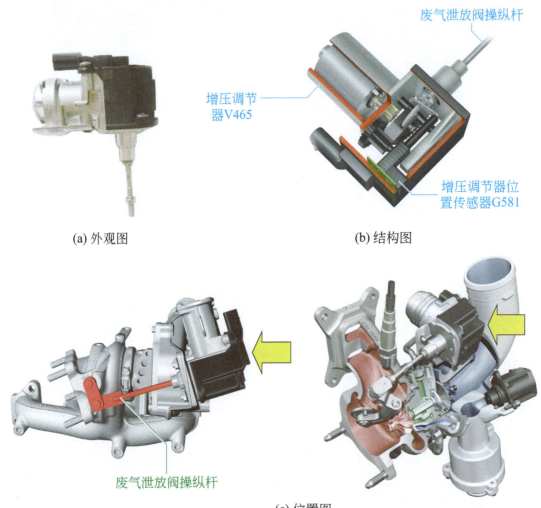

(a) 外观图　　(b) 结构图

(c) 位置图

图 2-20-1　增压调节器

（2）工作原理与作用

增压调节器用于调节增压压力。电子增压调节器相对于气动增压压力限制电磁阀的优点在于：调节时间快并由此增压更为迅速。

通过增压压力调节确定由废气涡轮增压器压缩并充入气缸的空气流量。

为使调节尽可能精确，安装了两个各带有进气温度传感器的压力传感器。

（3）快速识别方法与技巧

增压调节器安装在涡轮增压器上，其外形上有一根操纵杆连接涡轮上的风门。

（4）常见故障及解决办法

增压调节器常见的是增压调节器本身故障，其故障现象多为增压控制阀门常开造成发动机动力不足，高速行驶无力。

首先检查增压器调节器到节气门处是否存在漏气现象，其次拆卸增压器软管检查有无堵塞、弯曲现象，拆卸增压电磁阀检查无损坏现象。

检查时发现增压调节器与涡轮连接处磨损严重，需要更换增压调节器总成。

2.21 活性炭罐电磁阀

（1）外观、结构与安装位置（图2-21-1）

(a) 外观图

(b) 位置图

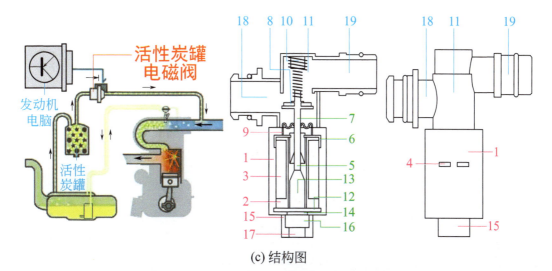

(c) 结构图

1—注塑主体；2—绕线轴；3—铜线；4—接线端子；5—中心轴；6—罩盖；7—连杆；8—密封垫；9—隔膜；10—弹簧；11—上盖；12—支架；13—活塞；14—橡胶垫；15—下盖；16—滤棉；17—小盖；18—第一气管；19—第二气管

图 2-21-1 活性炭罐电磁阀

(2)工作原理与作用

活性炭罐电磁阀是一个安装在汽车上用来减少因燃油蒸发排放造成空气污染并同时增加燃油效率的装置。在汽车启动时,电磁阀开启,将吸附的燃油蒸气释放到进气管路,进入发动机燃烧。而活性炭罐是这个系统中最为关键的装置,负责收集和储存汽油蒸气,装在汽车上的活性炭罐其实是一个总成,它的外壳一般都是用塑料制造的,内部填充可以吸附蒸气的活性炭颗粒,顶部设有用来控制进入进气歧管的汽油蒸气及空气数量的清洗控制阀和用来净化汽油蒸气的滤网等。

活性炭罐电磁阀的工作原理:由于油箱的密闭性,燃料消耗会造成油箱内部产生负压,在负压的作用下,汽油会比在常压下更容易地挥发出油蒸气。当引擎关闭时,活性炭罐会将油箱挥发出的油蒸气和空气混合储存在活性炭罐内的活性炭微孔中,防止燃油蒸气散发到大气中。在引擎启动时,装在活性炭罐与进气歧管之间的电磁阀门打开,将活性炭罐内的油蒸气作为燃料输送到发动机中参与燃烧。既降低了排放,也降低了油耗。

(3)快速识别方法与技巧

活性炭罐电磁阀在每个车型上的安装位置都不一样,但都有一个共通点,就是活性炭罐电磁阀的一根真空管连接进气歧管,另一根管连接活性炭罐。

(4)常见故障及解决办法

活性炭罐电磁阀常见的故障为活性炭罐电磁阀本身故障,其故障现象多为发动机行驶熄火、排气冒黑烟、热车启动困难、怠速抖动。

检查方法:活性炭罐电磁阀是间歇性工作元件,拔下活性炭罐电磁阀,连接活性炭罐的软管,等待活性炭罐电磁阀工作的时候,用手堵住活性炭罐电磁阀的一部分,能感觉到其只有吸气,正常情况下应该间隙吸气,这说明活性炭罐电磁阀损坏。

2.22 发动机控制单元

(1)外观、结构与安装位置(图2-22-1)

(a) 外观图

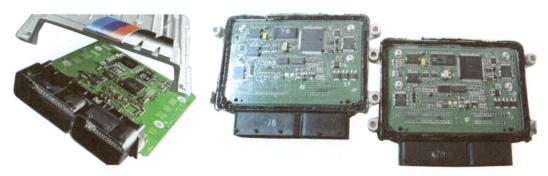

(b) 结构图

(c) 位置图

图 2-22-1　发动机控制单元

（2）工作原理与作用

发动机电子控制单元（ECU）是汽车发动机控制系统的核心，它可以根据发动机的不同工况，向发动机提供最佳空燃比的混合气和最佳点火时间，使发动机始终处在最佳工作状态，发动机的性能（动力性、经济型、排放性）达到最佳。

ECU 的作用是接收来自传感器的信号，并处理这些信号，同时发出相应的控制命令来控制执行器元件动作。

（3）快速识别方法与技巧

发动机控制单元安装在发动机舱内，一般是三个插接器，位置靠近发动机熔丝盒。

（4）常见故障及解决办法

发动机控制单元常见的为发动机控制单元本身故障，其故障现象多为发动机故障点亮、发动机怠速抖动、发动机不能启动。

检查方法：

❶ 首先检查发动机控制单元是否有泡水迹象；

❷ 检查发动机控制单元的电源电压、搭铁是否正常；

❸ 检查发动机控制单元的输出电压是否正常。

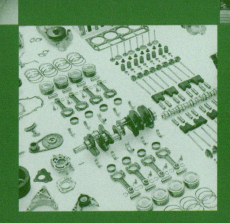

第 3 章 变速器零部件

3.1 变速器的类型

视频精讲

（1）手动变速器（图3-1-1）

手动变速器的优点：

图 3-1-1　手动变速器

❶ 结构简单，常用齿轮变速器的挡数为四到五挡，还会有倒挡的加入。
❷ 性能可靠，不同的挡数可改变输出轴的传动比，让驾驶者更具有驾驶乐趣。
❸ 制造和维护成本低廉，由于其简单的结构，使其装配与拆解非常方便，而当齿轮磨损产生变速器异响、漏油与跳挡时，只需检查相应的齿轮是否啮合良好即可。
❹ 传动效率高，齿轮采取硬连接的方式使其高度啮合，从而具有更高的效率，也更加省油。

其缺点也很明显：当行驶在拥堵的城市道路上，驾驶者会疲于频繁地拨动变速杆，高强度的变速使变速器不断发热，在一定程度上会造成齿轮受损。手动变速器虽然已有没落之势，但是作为元老级别的变速器却推动了汽车的发展，之后各种各样的变速器基于手动变速器不断革新。

（2）自动变速器（图3-1-2）

自动变速器的优点：
❶ 驾驶方便，相比于手动变速器来说驾驶者可以聚精会神地驾驶，不用拨动变速杆，减少事故发生率。
❷ 故障率低，由于主要是受液压的控制，并且有变速箱油的保护，变速器中齿轮的磨损大大降低。

自动变速器的缺点：
❶ 传动效率不高，由于液力变速器有一定的延迟性，机械无法及时对路况做出准确应答，若在长时间的道路堵塞以及低速运行时，车辆的起起停停会增加油耗。
❷ 维修困难，液压系统与行星齿轮本来在结构上就极为复杂，维修时则更难判断哪一出出了问题，也会造成维修时间的延长。但很多问题随着AT技术的不断进步，上面的问题已得到解决，现在自动变速器已达到9AT，因其动力平滑地输出而带来的良好驾驶感受，AT被用于豪华型轿车上，不用于大型货车，推动了后来轿车行业的发展。

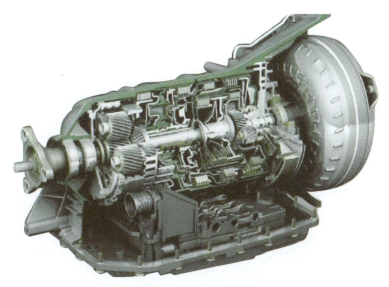

图 3-1-2　自动变速器

（3）无级变速器（图3-1-3）

无级变速器的优点：

❶ 结构简单，体积小，零件少。

❷ 生产成本低，但技术要求高，之前的CVT受限于材料与工艺方面的难题，但批量生产便会降低成本，减少材料的使用。

❸ 更加省油，无级变速器能与发动机达到最佳配合，从而降低油耗，减少气体排放。

无级变速器的缺点：

❶ 钢带寿命短，虽然材料的问题得到部分解决，但是由于处于高速旋转状态的钢带会有一定的磨损，要适当对钢带检查。

❷ 传动效率低，带传动是柔性传动，并且钢带的磨损会使其打滑，传动效率会难以避免地逐渐降低。CVT的研发与应用不超过40年，符合当前低碳生活、创造节约型生活的要求，无级变速器的低耗油量受到了市场的青睐，而将其运用于混合动力汽车的想法也受到重视，CVT在未来会逐渐占领汽车的市场份额。

图3-1-3　CVT-无级变速器　　　图3-1-4　双离合变速器

（4）双离合变速器（图3-1-4）

双离合变速器的优点：

❶ 快速换挡，与MT相比换挡更快，换挡时无停顿，可流畅地换挡。

❷ 更加省油，由于其快速的换挡，速度逐渐加快，让动力一直处于传输状态。

双离合变速器的缺点：

❶ 技术不成熟，早些年大众公司召回了部分DCT汽车，并重新检修，新技术的使用会存在一定的危险。

❷ 造价高，双离合变速器的结构复杂，无论是销售还是维修，费用都不是小数目，要得到广泛普及还需要一定的时间。

3.2 双离合变速器

3.2.1 换挡操纵机构

（1）外观、结构与安装位置（图3-2-1）

(a) 外观图　　　　　　　　　(b) 结构图

(c) 位置图

图 3-2-1　换挡操纵机构

（2）工作原理与作用

主要作用是支持汽车换挡。

通过将换挡杆移至相应的挡位上，传感器给控制电脑发送信号，指令变速器切换到对应的挡位。

（3）快速识别方法与技巧

换挡操纵机构安装在驾驶室内，多数车型安装在仪表台下方，也有的安装在仪表显示器下方，还有的安装在方向盘转向柱上。

（4）常见故障及解决办法

换挡操纵机构常见故障是换挡发卡，其故障现象多为换挡时感觉有卡滞。

检查方法：

❶ 首先要确认故障位置在换挡操纵机构上；

❷ 将润滑脂加到换挡操纵机构活动球头内。

3.2.2 双离合器

（1）外观、结构与安装位置（图3-2-2）

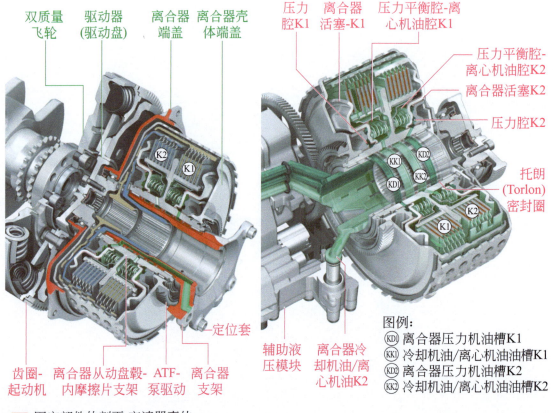

(a) 结构图

(b) 外观图　　　　　　　　　(c) 位置图

图 3-2-2　双离合器

（2）工作原理与作用

双离合器是双离合器变速器内的核心功能部件，它负责将发动机转矩传至相应的分变速器内。

发动机转矩从双质量飞轮经驱动器传到离合器壳体上，并继续传至离合器壳体端盖上。离合器端盖与离合器从动盘毂采用形状配合刚性连接在一起，而离合器从动盘毂又与两个离合器内摩擦片支架相连。离合器 K1 将转矩传到外摩擦片支架上，该支架又与输入轴 1 采用形状配合刚性连接在一起。离合器 K2 将转矩传至输入轴上。

（3）快速识别方法与技巧

双离合器安装在变速器的前部，与飞轮端连接。

（4）常见故障及解决办法

双离合器常见的故障是双离合器本身故障，其故障现象多为车辆不能行驶或不能升挡。检查方法如下。

变速箱输入轴 1 转速：数据组 5_3。

变速箱输入轴 2 转速：数据组 5_4。

启动发动机后，P 挡怠速情况下，此数据组 5_3 或 5_4 为 0。若不是 0，说明对应的离合器 1 或 2 锁死。

3.2.3　齿轮组

（1）外观、结构与安装位置（图 3-2-3）

(a) 外观图

图 3-2-3

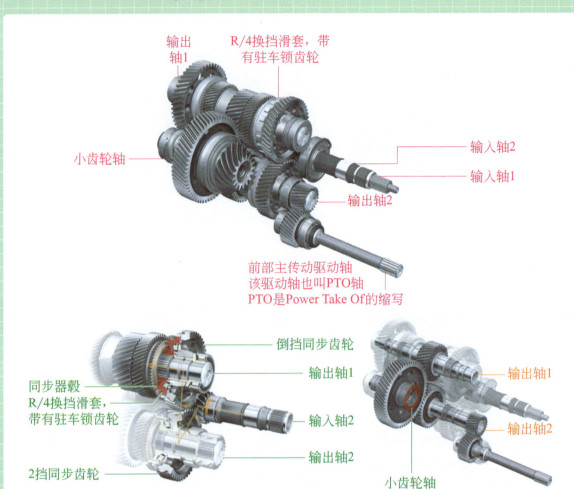

(b) 结构图

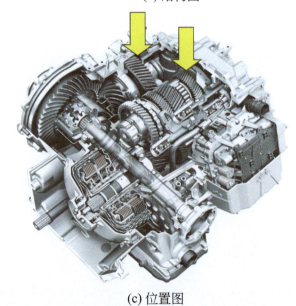

(c) 位置图

图 3-2-3　齿轮组

（2）工作原理与作用

齿轮组主要是输出动力。

通过特定的传动路线，将动力传递到传动轴。

（3）快速识别方法与技巧

齿轮组安装在变速器内部，且只有一副齿轮组，由输入轴和输出轴组成。

（4）常见故障及解决办法

齿轮组常见的故障是异响，其故障现象多为行驶时异响，一般是轴承或者是齿轮严重磨后出现较大间隙产生的异响。

检查方法：

❶ 检查变速器箱是否有烧煳的气味；

❷ 试车，确定异响在哪个挡位出现；

❸ 举升车辆，在车底下检查异响位置。

3.2.4 换挡机构

（1）外观、结构与安装位置（图3-2-4）

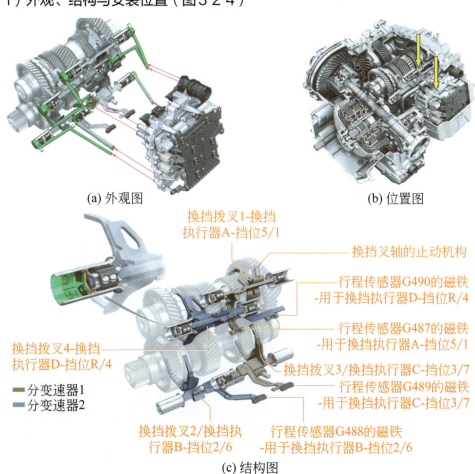

图3-2-4 换挡机构

（2）工作原理与作用

通过四个液压操纵的换挡拨叉（就是所谓的换挡执行器）来实现换挡。

每个换挡执行器由一个带有换挡叉轴的换挡拨叉构成，叉轴的端面处各有一个单作用式液压缸。另外，在换挡叉轴上还有一个支架，支架上有传感器磁铁和止动件。

在液压缸上加载上压力，它就可以根据挡位需求让换挡拨叉向左或右或者中间位置（空挡）运动。如果已挂上挡或者空挡，液压缸即可卸压（处于无压力状态）。挡位通过换挡齿的铲背和换挡叉轴上的止动机构保持住。在空挡时，换挡叉轴由锁止机构保持在中间位置。换挡滑套另有一个空挡位置锁止机构。

当车辆停住的时候，分变速器1总是挂在1挡上。对于分变速器2内，根据先前的行车情况，可能挂在2挡上或者倒挡上。如果把正在行驶的车辆制动到停住不动的话，那么2挡仍保持挂入状态。只有在选择了R挡或者在重新启动后选择了D挡或者R挡，才会挂入倒车挡。假设在倒车行驶后关闭了发动机，那么倒挡也会保持挂入状态。

（3）快速识别方法与技巧

换挡机构安装在齿轮组上，形状像叉子。

（4）常见故障及解决办法

换挡机构常见的是换挡电磁阀故障，其故障现象多为仪表挡位故障报警、某个挡位的缺失。

检查方法：R-6挡电磁阀电流为0.054A，对应此时R-6换挡位置（238_4）应为-8mm，而此车为1.3mm，在正常电流情况下，无法挂入R挡，分析原因为机电单元R-6推杆卡滞，需要更换机电单元总成。

3.2.5 驻车锁

（1）外观、结构与安装位置（图3-2-5）

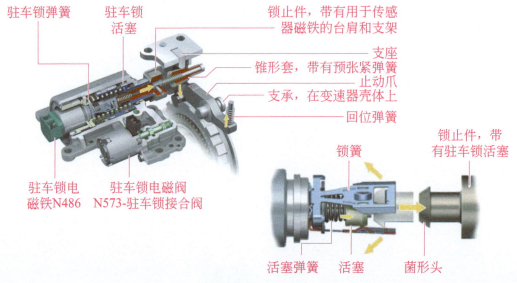

(a) 结构图

 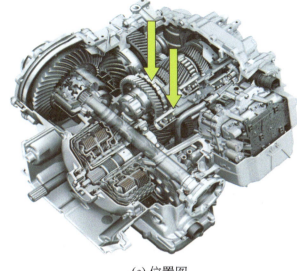

(b) 外观图　　　　　　　　　　　　　(c) 位置图

图 3-2-5　驻车锁

（2）工作原理与作用

由于在发动机不工作时无动力传递（两个离合器 K1 和 K2 是脱开的），因此 0BZ 变速器就需要有驻车锁，就像普通自动变速器上的那样。

驻车锁的机械结构与我们熟知的结构是一样的，有驻车锁齿轮和止动爪（由一个弹簧加载的锥形套来操控）。

（3）快速识别方法与技巧

驻车锁齿轮有的装在变速器输出轴上，有的集成在 R/4 挡的换挡滑套上。

3.2.6　机油系统和 ATF 供给系统

（1）外观、结构与安装位置（图3-2-6）

(a) 外观图

图 3-2-6

视频精讲

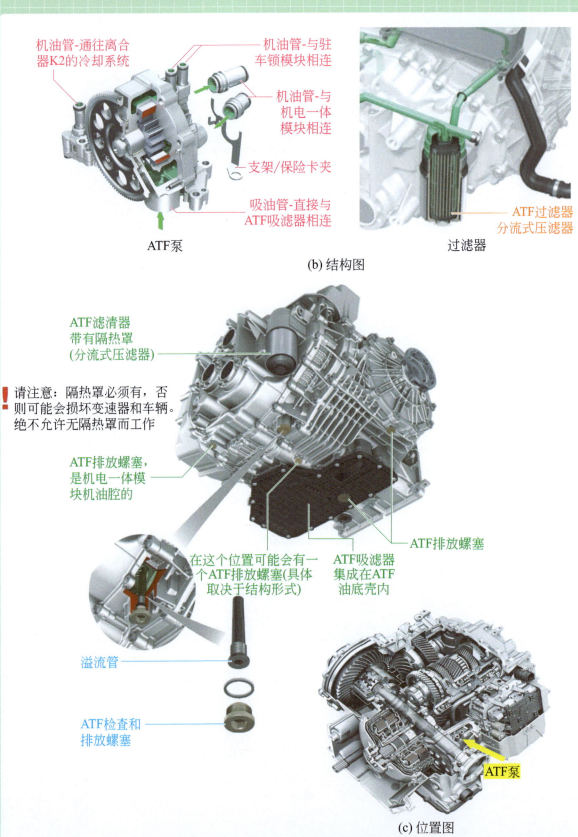

图 3-2-6 机油系统和 ATF 供给系统

（2）工作原理与作用

机油用于冷却变速器、润滑变速器、清洁润滑器，并且提供油压使机械部件工作。

（3）快速识别方法与技巧

机油滤清器外形为圆形，有的安装在变速器外壳上，有在安装在变速器内部。

ATF泵安装在变速器的右侧，机电控制单元的前方。

（4）常见故障及解决办法

机油滤清器常见的故障是堵塞，其故障现象多为机油压力过高，变速箱报警灯点亮，换挡时冲击明显。

ATF泵常见的故障是机械磨损，其故障现象多为机油压力过低，变速箱报警灯点亮，车辆行驶时不升挡或换挡时冲击明显。

检查方法：

❶ 使用电脑诊断仪读取故障码，检查是否存在故障码；

❷ 检查变速器油是否有烧糊的异味；

❸ 检查变速器的油压是否正常。

如果变速器出现堵塞，则说明变速器内部的污物比较严重，要么是出现了异常的磨损，要么是长时间未更换变速器油导致，需要对变速器内部进行清洁，再安装新的机油过滤器。

如出现机械磨损，则需要对变速器进行大修。

3.2.7　变速箱控制器单元

（1）外观、结构与安装位置（图3-2-7）

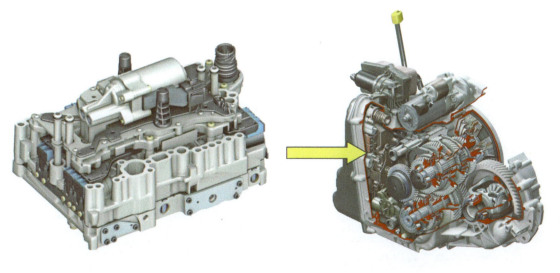

(a) 外观图　　　　　　　　(b) 位置图

图 3-2-7

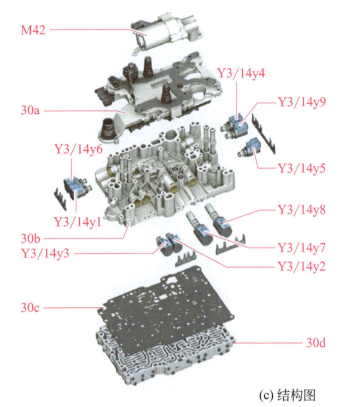

(c) 结构图

图 3-2-7 变速箱控制器单元

30a—支撑体；
30b—阀体箱；
30c—中间板；
30d—换挡阀体；
M42—电动辅助机油泵；
Y3/14y1—换挡杆控制阀A；
Y3/14y2—换挡杆控；
Y3/14y3—换挡杆控制阀C；
Y3/14y4—换挡杆控制阀D；
Y3/14y5—驻车止动爪转换阀；
Y3/14y6—系统压力控制阀；
Y3/14y7—K1离合器控制阀；
Y3/14y8—K2离合器控制阀；
Y3/14y9—换挡缸压力控制阀

（2）工作原理与作用

变速箱控制器单元的任务：变速箱控制器单元连接至车辆的控制器区域网络（CAN）并评估来自其他控制单元的输入信号和请求，从而根据该信息促动相应的内部促动器。另外，变速箱控制器单元还会评估传感器系统的信号并将这些信号继续传送至相关的控制单元。

电液控制系统（带变速箱控制单元的变速箱控制器单元）的任务是接收并评估输入的电信号，然后相应地促动变速箱控制器单元的控制/转换阀。通过控制/转换阀和下游控制/换挡阀（集成在换挡阀中），可以使液压传递至各挡位促动器气缸、离合器和驻车止动爪系统以进行换挡。

（3）快速识别方法与技巧

❶ 集成式电动辅助机油泵。
❷ 所有换挡和控制电磁阀均位于变速箱控制单元上。
❸ 整个传感器系统（包括转速、温度、压力和位置传感器）是控制器单元的一部分。
❹ 变速箱控制单元集成在变速箱控制器单元中。

（4）常见故障及解决办法

变速箱控制系统控单元常见的故障是变速箱控制系统控单元本身故障，其故障现象多为变速箱报警灯亮、换挡冲击大。

检查方法：使用电脑诊断仪读取故障码，如果为与变速箱控制系统控单元相关的故障，则对变速箱控制系统控单元故障进行检查，排除线路故障和油液故障，则可以锁定为变速箱控制系统控单元本身故障。

3.3 无级变速器

3.3.1 前进挡离合器/倒挡离合器及行星齿轮装置

（1）外观、结构与安装位置（图3-3-1）

(a) 外观图

(b) 结构图

图 3-3-1

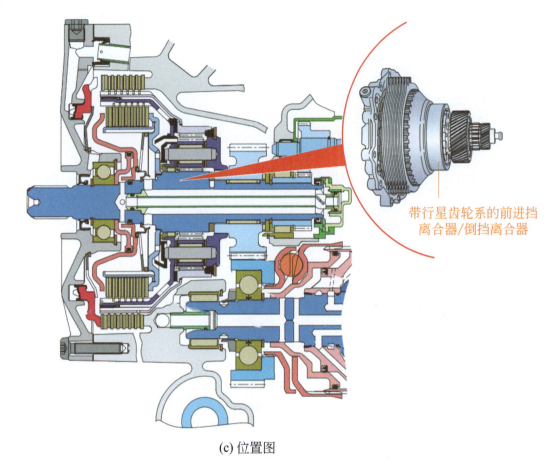

(c) 位置图

图 3-3-1　前进挡离合器／倒挡离合器及行星齿轮装置

（2）工作原理与作用

行星齿轮架被制造成行星反向齿轮装置，唯一功能是倒挡时改变变速箱输出轴旋转方向。

太阳轮（输入）与变速箱输入轴和前进挡离合器钢片相连接。

行星齿轮支架（输出）与辅助变速齿轮挡主动齿轮和倒挡离合器钢片相连接。

齿圈与行星齿轮和倒挡离合器钢片相连接。

（3）快速识别方法与技巧

该装置安装在变速箱内部，外形像"蛋糕"。

（4）常见故障及解决办法

该装置常见的故障是摩擦片烧损，其故障现象多为换挡冲击大、无法换挡、动力不足。

检查方法：如果出现烧蚀，则将变速箱的油液放出来检查是否有烧煳的异味，检查油液是否变质、变黑。

出现摩擦片烧损则需要对变速箱进行大修、更换损坏的零件。

3.3.2 扭矩传感器

（1）外观、结构与安装位置（图3-3-2）

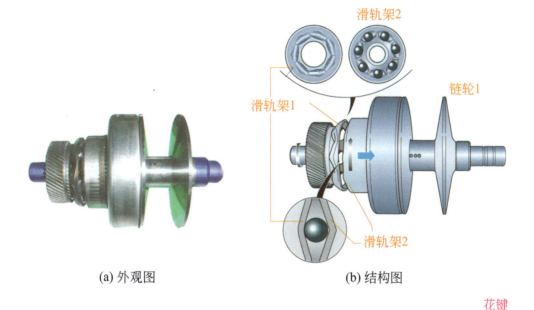

(a) 外观图

(b) 结构图

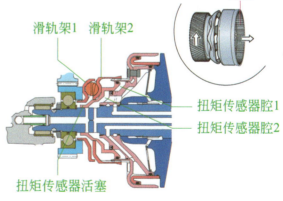

(c) 位置图

图 3-3-2　扭矩传感器

（2）工作原理与作用

扭矩传感器的作用是根据要求建立起尽可能精确、安全的接触压力。

扭矩传感器的主要部件为2个滑轨架，每个支架有7个滑轨，滑轨中装有滚子，滑轨架1装于链轮装置1的输出齿轮中（辅助变速齿轮挡输出齿轮）。滑轨架2通过花键与链轮1连接，可以轴向移动并由扭矩传感器活塞支撑。扭矩传感器活塞调整接触压力并形成扭矩传感器腔1和2。

支架彼此间可径向旋转，将扭矩转化为轴向力（因滚子和滑轨的几何关系），此轴向力施加于滑轨架 2 并移动扭矩传感器活塞，活塞与支架接触。扭矩传感器活塞控制凸缘关闭或打开扭矩传感器腔输出端。

（3）快速识别方法与技巧

扭矩传感器安装在链轮上，在花键与齿轮之前。

3.3.3 传动链

（1）外观、结构与安装位置（图 3-3-3）

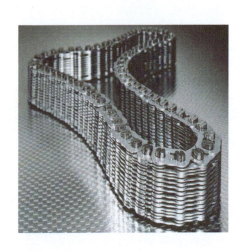

(a) 外观图

(b) 位置图

(c) 结构图

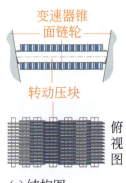

图 3-3-3　传动链

（2）工作原理与作用

对于传统的传动链，传动链节通过链节接销非钢性连接，为传递扭矩，齿轮与链节间的销子啮合。

相邻传动链链节通过转动压块连成一排（每个销子连接 2 个链节）。

对于 CVT 传动链，转动压块在变速器锥面链轮间"跳动"，即锥面链轮互相挤压。

扭矩只靠转动压块正面和锥面链轮接触面间的摩擦力来传递。

每个转动压块永久性连接到一排连接轨上，通过这种方式，转动压块不可扭曲，两个转动压块组成一个转动节。

转动压块相互滚动，当其在锥面链轮跨度半径范围内"驱动"传动链时，几乎没有摩擦。

这种情况下，尽管扭矩高、弯曲角度大、动力损失，但磨损却降到很小，使其寿命延长并且提高了效率。

（3）快速识别方法与技巧

传动链安装在变速器内部，连接着两个传动轮。

（4）常见故障及解决办法

传动链常见的故障是打滑，其故障现象为车辆行驶时震动比较明显，并且有打滑的感觉，中速行驶时变速箱内部有"唰啦"声异响。

检查方法：

❶ 起步时 1 挡接合，传动链在从动轮上由外沿切入，因存在严重的滑动摩擦，导致结合不平顺产生抖动、耸车，同时链条与链轮之间因摩擦力的作用发出明显的金属摩擦声异响；

❷ 车辆继续加油行驶，挡位由 1 挡升入 2 挡时，链条由链轮上的沟痕处滑出，同样因摩擦力不均匀的缘故，造成异响及耸车故障；

❸ 待车辆继续加速至中等速度后，链条与链轮发生摩擦作用，产生"唰啦"声异响。

需对变速箱进行大修，更换损坏的零件。

3.3.4 油泵

（1）外观、结构与安装位置（图3-3-4）

(a) 外观图

图 3-3-4

视频精讲

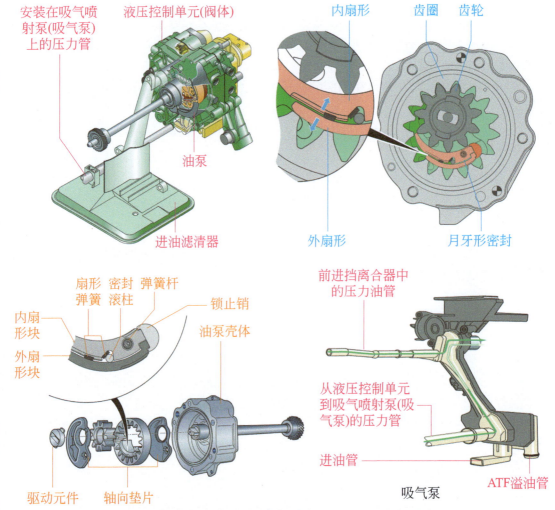

(b) 结构图

(c) 位置图

图 3-3-4 油泵

（2）工作原理与作用

油泵根据文丘里管原理工作。当离合器需要冷却时，冷却油（压力油）由机油泵出来通过油泵进行导流并形成动力喷射流，润滑油流经泵的真空部分产生一定真空，将油从油底壳吸出，并与动力喷射流一起形成一股大量的、几乎卸压的油流。在不增加油泵容量的情况下，冷却油油量几乎加倍。

油泵还要额外供给离合器冷却所需的低压油，月牙形叶片泵作为一个小部件集成在液压控制单元上，并直接由输入轴通过直齿轮和泵轮驱动。

为了保证充分冷却离合器，对润滑油量有一定要求，特别是被牵引时（因打滑产生很高温度），润滑油量超出了内齿轮泵容量。

（3）快速识别方法与技巧

油泵直接安装在液压控制单元上，以免不必要的连接。油泵和控制单元形成一个整体，减少了压力损失并节约了成本。

油泵集成在离合器冷却系统中，以供应冷却离合器所需的润滑油量。

油泵为塑料结构并且凹向油底壳深处。

（4）常见故障及解决办法

油泵常见的故障为异响，其故障现象多为变速箱内传出"哗啦哗啦"的声音。

检查方法：将车开到举升机上，升起举升机声音主要发生在变速箱后部，分析为阀体内油泵在低转速时流量不够导致异响。

拆检变速箱，更换损坏的零件。

3.3.5 液压控制单元

（1）外观、结构与安装位置（图3-3-5）

(a) 外观图

图 3-3-5

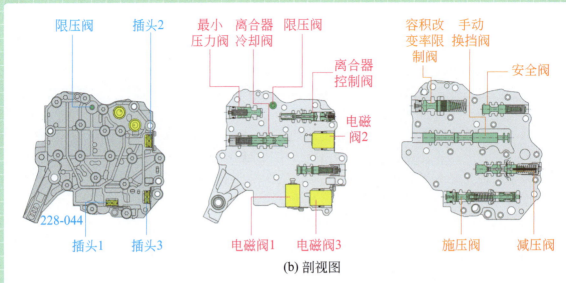

(b) 剖视图

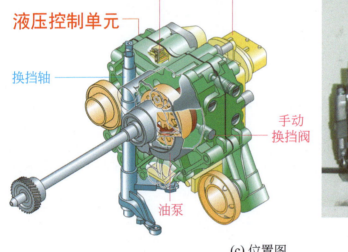

(c) 位置图

图 3-3-5　液压控制单元

（2）工作原理与作用

液压控制单元主要用于前进挡-倒挡离合器控制、离合器压力调节、离合器冷却、传动控制和为飞溅润滑油罩盖供油等。

❶ 为保护部件，限压阀用来限制系统的最高压力。

❷ 通过施压阀，向压力控制阀提供一个恒定的输导控制压力。在特定功能下，始终提供足够油压（应用接触压力或调节压力）。

❸ 最小压力阀用来防止启动时油泵吸入空气导致发动机进气。当油泵输出功率高时，最小压力阀打开，允许润滑油从回油管流到油泵吸入侧，提高油泵效率。

❹ 电磁阀在设计上称为"压力控制阀"，它们将控制电流转变成相应的液压控制压力。电磁阀1用来控制离合器冷却阀和安全阀；电磁阀2用来激活离合器控制阀；电磁阀3用来激活减压阀。

（3）快速识别方法与技巧

液压控制单元与机油泵安装在一起，可与机油泵分离。

（4）常见故障及解决办法

液压控制单元常见为电子液压控制单元本身故障，其故障现象多为车辆启动后加油不走车。检查方法：

❶ 前进挡、倒挡均不走；
❷ 检查数据块时发现无油压；
❸ 检查输入轴、输出轴转速均为 0；
❹ 根据数据块指示拆解变速箱；
❺ 拆检输入轴处，固定良好；
❻ 拆检阀体时发现油泵不转，更换阀体。

3.3.6 换挡轴和停车锁

（1）外观、结构与安装位置（图3-3-6）

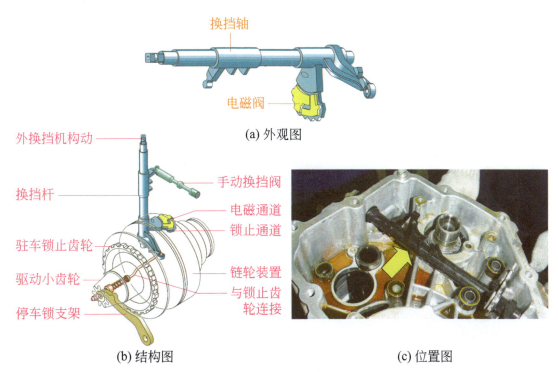

(a) 外观图

(b) 结构图　　(c) 位置图

图 3-3-6　换挡轴和停车锁

（2）工作原理与作用

触发液压控制单元手动换挡阀，即通过液压机械方式控制（前进挡/倒挡/空挡）。控制停车锁。

触发多功能开关，电子识别换挡杆位置。

在换挡杆处于位置P时，与锁止齿相连的连杆轴向移动，停车锁架被压向停车锁齿轮，停车锁啮合。

（3）快速识别方法与技巧

换挡轴和停车锁安装在链轮装置上，从外形上看是一根轴穿过1/4个齿轮。

3.3.7 电子控制单元

（1）外观、结构与安装位置（图3-3-7）

(a) 外观图

(b) 位置图

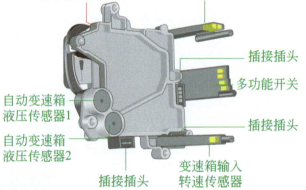

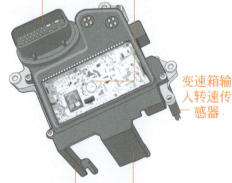
(c) 结构图

图3-3-7 电子控制单元

(2)工作原理与作用

电子控制单元主要用于监测变速器的工作状况。

传感器测量的数据传输给电子控制单元,电子控制单元根据输入的信号判断变速器的工况。

(3)快速识别方法与技巧

电子控制单元直接用螺栓紧固在液压控制单元上。

三个压力调节阀与电子控制单元间直接通过坚固的插接插头连接(S形接头),而没有连接线。用一个小型的25针插头与汽车相连。

(4)常见故障及解决办法

电子控制单元常见的为线路和插头故障,其故障现象为仪表变速器故障灯点亮、换挡冲击大。

检查线路、插头连接是否良好,如无损坏,则更换电子控制单元。

3.3.8 变矩器

(1)外观、结构与安装位置(图3-3-8)

(a)外观图

视频精讲

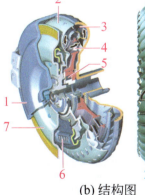
(b)结构图

1—变矩器壳体;
2—涡轮;
3—叶轮;
4—定子;
5—惯性离合器;
6—扭力弹簧;
7—离合器盘(变矩器锁止离合器)

(c)位置图

图3-3-8 变矩器

(2)工作原理与作用

当车辆停止不动,发动机处于转速状态时,变矩器可以将发动机和自动变速器之间的动力传递降至最低水平。当车辆起步时,变矩器增加发动机的扭矩,并不断匹配旋转速度和扭矩。

变矩器有如下任务。

怠速：使发动机和变速箱之间的动力传递降至最低。

起步：增加发动机扭矩，并不断匹配旋转速度和扭矩。

变扭器锁止离合器：减少变矩器的滑动。

变矩器锁止离合器是集成在变矩器中的一个单盘浸油离合器。它将变矩器的滑动降到最低水平，以便减小由变矩器造成的功率损失。当变矩器锁止离合器工作时，阻尼器减少了振动的传递。

（3）快速识别方法与技巧

变矩器安装在变速器的前方，与发动机飞轮连接在一起。

（4）常见故障及解决办法

变矩器常见的是变矩器本身故障，其故障现象为车辆挂挡不能行驶。

液力变矩器无挡指的是动力在变矩器中传递中断，即变矩器进入任何挡位时都没有驱动反应。

导致该现象的原因通常有以下两个方面：一是变矩器内无工作油液，由于变矩器内泵轮与涡轮没有任何机械连接，动力是靠油液作为介质传递的，若无油液动力自然就无法传递；二是涡轮与涡轮轴连接松脱或被卡死，涡轮叶片与涡轮花键毂焊接处裂开、花键毂与涡轮轴连接花键损坏或变矩器内轴承损坏会引起涡轮与涡轮轴连接松脱或被卡死，动力无法通过涡轮输出。

3.4 自动变速器

视频精讲

3.4.1 变矩器

（1）外观、结构与安装位置（图3-4-1）

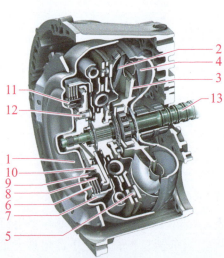

1—变矩器护盖；
2—涡轮；
3—定子；
4—叶轮；
5—离心摆；
6—离合器组件；
7—外板托架；
8—压力室(变矩器锁止离合器)；
9—变矩器锁止离合器活塞回缩弹簧；
10—活塞；
11—内板托架；
12—铆钉；
13—驱动轴（变速箱）

(a) 外观图　　　　(b) 结构图

(c) 位置图

图 3-4-1 变矩器

视频精讲

（2）工作原理与作用

变矩器中的油液不断循环，从而使运行阶段产生的热量能够被变速箱冷却器吸收。

离心力向外施加到涡轮上，驱动涡轮转动，从而使叶轮能够通过叶片输送油液。涡轮叶片直接将油液输送到定子的叶片上，随后后者又将油液推送到叶轮上。定子通过自由轮支撑在变速器外壳上，定子处对油液的重新定向使扭矩增大。叶轮旋转且涡轮静止时，起始点处的变矩量达到最大值。

在叶轮加速阶段，涡轮的转速也在快速调节，即转速差不断减小，直至变矩器锁止离合器耦合点处的转速几乎相同。达到耦合点时，定子也会自由转动。

根据发动机负荷和车速，变矩器锁止离合器减少变矩器的动力损失，从而确保从曲轴到自动变速器驱动轴的低滑差动力传输，因此使传输效率得以改善。

扭转减振器能够减小内燃机燃烧振动引起的扭转振动。离心摆的摆锤灵活地安装在滚子上，并因惯性产生反向扭矩，从而在整个转速范围内减小发动机产生的扭转振动。这一措施为驾驶员提供了更好的舒适性，而且减少了变速箱机械部件的磨损和撕裂损坏。此外，还可以选择转速较低的换挡模式，从而节省燃油。

（3）快速识别方法与技巧

叶轮与发动机相连，涡轮与驱动轴相连。定子通过自由轮和定子轴与变速箱外壳相连。

（4）常见故障及解决办法

变矩器常见的故障是变矩器本身故障，其故障现象为加速无力、高速性能差。

检查方法：由变矩器的工作原理可知，汽车在起步或加速等工况时，变矩器内泵轮与涡轮的转速差较大，此时在液流的冲击下，单向离合器将导轮锁死，使变矩器起到增大转矩的作用。若单向离合器损坏不能将导轮锁死，则这一作用将会消失，就会出现加速性能差的情况。

还有一种情况是，在汽车低速行驶与加速时均正常，但在高速行驶时发动机的转速和车速均不能相应提高，发动机的动力明显不足，特别是在放松加速踏板减速或在高速行驶时将选挡手柄置于N位时，能感到转速明显下降过快，乘坐舒适性变差。出现这种现象通常是导轮单向离合器卡滞不能实现打滑引起的。因为在涡轮转速超过变矩器的耦合转速时，经涡轮流出的液流就会冲击导轮叶片的背部，若单向离合器不能实现良好的打滑，就会使涡轮运动阻力变大，出现发动机转速和车速升高困难、汽车高速行驶性能差的现象。

3.4.2 行星齿轮组

（1）外观、结构与安装位置（图3-4-2）

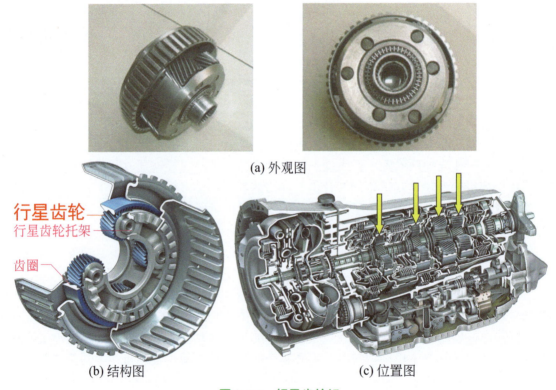

图 3-4-2 行星齿轮组

（2）工作原理与作用

行星齿轮组的齿圈、行星齿轮托架和太阳齿轮元件通过多盘式离合器和多片式制动器的换挡元件被交替驱动或制动停止。在此过程中，行星齿轮能够在齿圈的中央啮合处和太阳齿轮的外侧啮合处滚动，从而无须移动齿轮或换挡套筒即可产生多种传动比并可反向转动。

扭矩变换和转速变换根据相应的杠杆比或主动齿轮传动齿数的速比产生，称为传动比。由于数个行星齿轮组之间相互连接，因此总速比即为各部件速比的乘积。如果某一个行星齿轮组的两个部件之间刚性连接在一起，则该结构会锁止并作为一个闭式单元旋转。

（3）快速识别方法与技巧

行星齿轮组最大的特点是在齿圈内有四个小齿轮。

3.4.3 驻车机构

（1）外观、结构与安装位置（图3-4-3）

视频精讲

1—驻车止动爪齿轮；2—驻车定位槽；
3—导向轴套；4—驻车止动爪锥体；
5—驻车棘爪簧

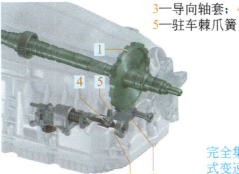

(a) 外观图

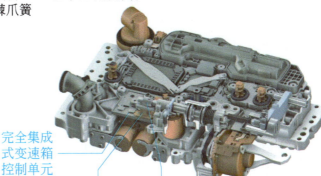

完全集成式变速箱控制单元

驻车止动爪位置传感器

永磁体

1—活塞外壳；
2—卡止弹簧；
3—驻车止动爪提升电磁阀电气连接器；
4—"P"锁止轮廓；
5—定位杆；
6—锁止轮廓"P"以外；
7—活塞杆；
8—定位杆解锁销；
9—驻车止动爪锥体；
10—连杆；
11—预张紧弹簧；
12—活塞杆导向装置；
13—驻车止动爪提升电磁阀

(b) 结构图

(c) 位置图

图3-4-3 驻车机构

（2）工作原理与作用

除进行驻车制动外，以上部件的任务还包括机械地固定车辆，以防溜车。

在换挡杆位于"P"位置时，驻车止动爪锥体在驻车定位槽和导向轴套之间移动，从而使驻车定位槽压在驻车止动爪齿轮上。车辆静止时，如果驻车定位槽的齿未接合在齿槽中，而是接触到驻车止动爪齿轮的齿，则驻车止动爪锥体会由其后的弹簧预张紧并定位在工作就绪位置。驻车止动爪齿轮继续转动时，驻车定位槽会接合在下一齿槽中。车辆静止或低速行驶时，为防止错误操作造成的损坏，齿槽之间的间隔必须刚好能够使驻车定位槽接合。如果车辆行驶速度加快，齿的倾斜表面会使驻车定位槽发生偏转而无法接合。在挡位范围R、N、D1～D9时，部件棘爪簧会使驻车定位槽远离驻车止动爪齿轮。

❶ 驻车止动爪操作元件：变速箱驻车止动爪部件和直接选挡换挡杆之间无机械连接（线控驻车）。驻车止动爪完全以电液方式接合或松开，通过直接选挡换挡杆的促动或根据不同因素（如驾驶员车门打开，传动系统进入工作状态或取下点火开关中的钥匙）工作。

❷ 驻车止动爪位置传感器：驻车止动爪位置传感器用于监测驻车止动爪活塞的位置（位置P或P以外的位置）。驻车止动爪活塞的位置由线性霍尔传感器记录。传感器的传感元件为永磁体，夹在活塞杆上。

（3）快速识别方法与技巧

驻车止动爪齿轮、电液部件及驻车锁止器机械机构位于变速器外壳的后部。

3.4.4 电液控制系统总成

（1）外观、结构与安装位置（图3-4-4）

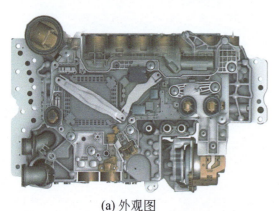

(a) 外观图

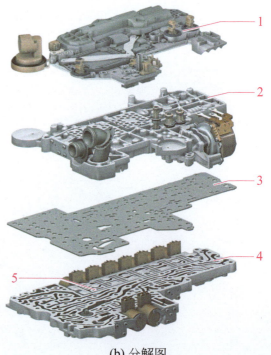

(b) 分解图

1—完全集成式变速箱控制系统支撑体；
2—护盖/换挡油阀壳；
3—中间板；
4—换挡油阀壳；
5—阀座

第3章 变速器零部件

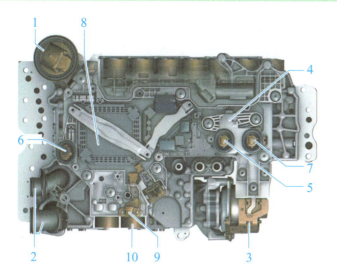

1—变速箱连接器；
2—压力和进气管；
3—电动变速箱油泵；
4—压力传感器；
5—涡轮转速传感器；
6—内部变速箱转速传感器；
7—输出轴转速传感器；
8—完全集成式变速箱控制单元；
9—驻车止动爪位置传感器；
10—润滑压力电磁阀

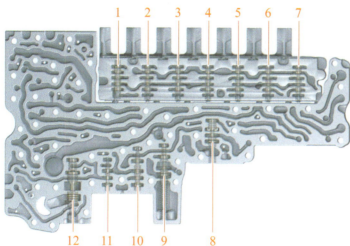

1—变矩器锁止离合器调节阀；
2,5,7—制动器调节阀；
3,4,6—离合器调节阀K81；
8—未驻车换挡阀；
9—润滑压力换挡阀；
10—润滑压力电磁阀调节阀；
11—工作压力调节阀；
12—润滑压力调节阀

换挡油阀壳

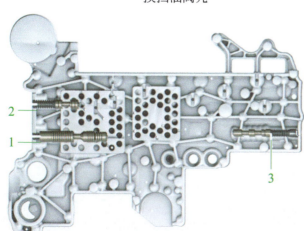

1—工作压力调节阀；
2—增压换挡阀(辅助离心油护盖充注)；
3—驻车/未驻车换挡阀

护盖/换挡油阀壳

(c) 结构图

图 3-4-4

视频精讲

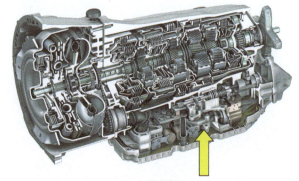

(d) 位置图

图 3-4-4　电液控制系统总成

（2）工作原理与作用

电液控制系统总成主要用于调节压力。

❶ 工作压力。由初级泵产生的油压被工作压力调节阀转换为工作压力。工作压力水平取决于调节阀的位置及其几何形状。工作压力调节阀的位置受工作压力电磁阀的影响，以匹配载荷和挡位。所有其他用于变速箱控制的油压都来自工作压力。

❷ 润滑压力。工作压力调节阀处多余的变速箱油被转移至润滑压力调节阀处，并在此调节后用于机械变速箱部件和变矩器的润滑及冷却。此外，变矩器中的油压通过调节润滑压力进行限制。

❸ 换挡压力。换挡压力（多盘式离合器或多片式制动器中的油压）来自工作压力。各电磁阀影响与其相关的调节阀的位置，调节阀的位置反过来又影响多片式制动器或多盘式离合器中的油压。因此，换挡压力取决于各调节阀的几何形状。

（3）快速识别方法与技巧

电液控制系统总成安装在变速器的下方，油底壳内，形状为长方形。

（4）常见故障及解决办法

电液控制系统总成常见的是其电磁阀故障和油路板堵塞，其故障现象多为仪表变速箱报警灯点亮、换挡冲击大、挡位锁定在某挡。检查方法如下。

❶ 首先要分清故障引起的部位。故障是由发动机还是自动变速箱液压自动操纵系统、电子控制系统引起的，或者是液力自动变速箱本身引起的。只有分清故障部位，才能快速、准确、有针对性地找到故障根源。

❷ 坚持"先简后难、逐渐深化"的原则。按故障的难易程度，先从最简单的地方开始检查，如开关、拉杆、油液等，从容易被忽视的部位和影响因素开始，逐步深入实质性故障。

❸ 区分故障性质。正确区分自动变速箱故障是机械性质，还是液压系统或者电子控制系统故障，是需要维护还是需要拆卸变速箱彻底修理。

❹ 充分利用自动变速箱各检验项目，如路试、失速试验、时滞试验等，找到线索，发现故障。

❺ 利用电控自动变速箱的故障自诊断功能。故障自诊断功能能在汽车行驶过程中不断监测自动变速箱控制系统各部分的工作情况，能将故障以代码的形式反馈出来。

❻ 必须在拆检之后才能确诊的故障，应是故障诊断的最后程序。电控自动变速箱不要轻易分解。

3.5 手自一体变速器

3.5.1 齿轮组

（1）外观、结构与安装位置（图3-5-1）

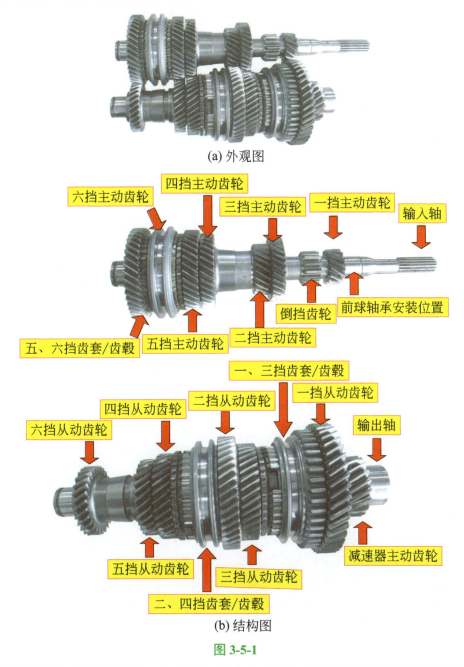

图 3-5-1

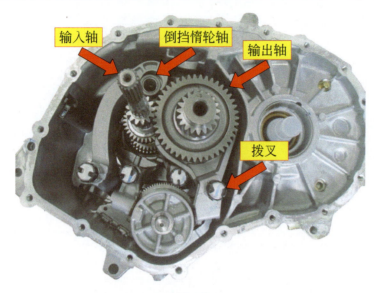

(c) 位置图

图 3-5-1　齿轮组

（2）工作原理与作用

6AMT 自动变速器为前驱两轴式六挡机械式结构，内部带差速器总成，前进挡齿轮均为斜齿圆柱齿轮设计，倒挡齿轮为短直齿齿轮，采用滑动平移式换挡。

（3）快速识别方法与技巧

齿轮组安装在变速箱内部，连接飞轮的为输入轴，连接差速器的为输出轴。

（4）常见故障及解决办法

齿轮组常见的故障是异响，其故障现象多为车辆在行驶时噪声比较大。

检查方法如下。

❶ 空挡发响：现象为发动机怠速运转，变速器处于空挡位置时有异响，踩下离合器踏板时响声消失。

其原因是：变速器与发动机安装时曲轴与变速器第一轮中心线不同心，或变速器壳变形；第二轴前轮轴承磨损、污垢、起毛；变速器常啮合齿轮磨损，齿侧间隙过大，或个别齿轮牙齿破裂；常啮合齿轮未成对更换，啮合不良；轴承松旷、损坏、齿轮轴向间隙大；拨叉与接合套间隙过大。

❷ 挂挡后发响：现象为变速器挂入挡位后发响。当汽车以 40km/h 以上车速行驶时，发出一种不正常声响，且车速越快声响越大，而当滑行或低速时响声减小或消失。

其原因是：轴的弯曲变形，轴的花键与滑动齿轮配合松旷；齿轮啮合不当，或轴承松旷；操纵机构各连接处松动，变速叉变形；主、从动锥齿轮配合间隙过大。

变速器产生响声，是由齿轮或轴的振动及其他声源开始，然后扩散到变速器壳壁产生共振而形成的。诊断步骤为：发动机怠速运转，变速器空挡有异响，踩下离合器踏板后声响消失，多为常啮合齿轮啮合不良。

变速器各挡均有声响，多为轴、齿轮、花键磨损使形位误差超限；挂入某挡，声响严重,则说明该挡齿轮磨损严重;启动后尚未挂挡就发响,且在汽车运行中车速变化时声响严重,说明输出轴前后轴承响。变速杆处于空挡位置,变速器有"咯、咯"的响声,但踩下离合器踏板后响声消失,应检查第一轴后轴承是否磨损过甚或损伤;若响声均匀,踩下离合器踏板后声音减小或消失,说明常啮合齿轮啮合不正常,应拆开变速器盖检查齿轮的啮合情况。

变速杆置入任何挡行驶都有异响,但进入直接挡时,响声减弱,甚至消失,或在空挡时也无响声,可断定为中间轴与第二轴不平行引起齿轮冲撞,或第二轴轴承响,必须更换轴承,并调整两轴的平行度。变速杆置入低速挡时有异响,但在高速挡时声响减弱,空挡滑行时有"哗、哗"声,可将驱动桥支起,使变速器在低速挡或倒挡运转,在倒挡齿轮处听响声明显,为第二轴后轴承松旷或损坏。若车速突然变化时响声增大,车速比较稳定时,响声是一种连续的"呜呜"声,且随车速提高而增大,则说明齿轮间隙过大或过小,应调整齿轮间隙。

3.5.2 换挡机构

(1) 外观、结构与安装位置(图3-5-2)

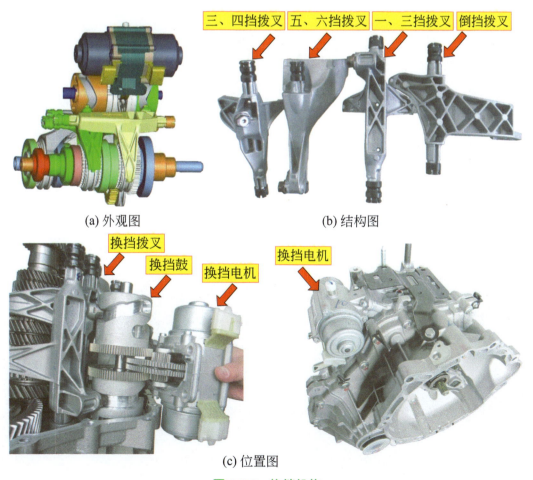

图 3-5-2 换挡机构

（2）工作原理与作用

换挡系统核心部分是两个驱动换挡拨叉的换挡鼓，电机通过两组直齿轮组驱动两个换挡鼓。

换挡拨叉通过菱形滑块与换挡鼓的环形槽接合。每个换挡鼓的当前位置由电机中的增量编码器检测。两个电机和直齿轮组组成执行器单元，置于铝制壳体中，并安装在变速器壳体上。两个换挡鼓允许适量地同时动作，以最小化换挡时间。

（3）快速识别方法与技巧

换挡电机安装在变速箱外壳上，换挡拨叉连接齿轮组、换挡鼓。

3.6 手动变速器

3.6.1 离合器

（1）外观、结构与安装位置（图3-6-1）

视频精讲

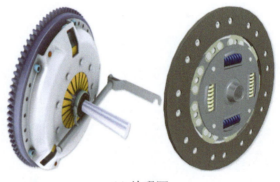

(a) 外观图

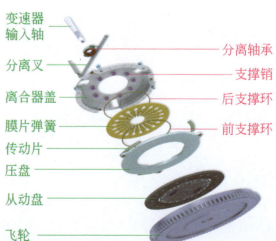

视频精讲

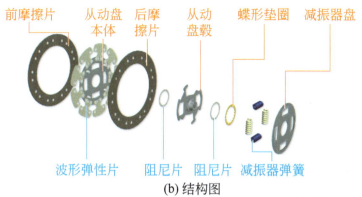

(c) 位置图

图 3-6-1　离合器

（2）工作原理与作用

汽车上使用最多的是摩擦式离合器。摩擦式离合器依靠摩擦原理传递发动机动力。当从动盘与飞轮之间有间隙时，飞轮不能带动从动盘旋转，离合器处于分离状态。当压紧力将从动盘压向飞轮后，飞轮表面对从动盘表面的摩擦力带动从动盘旋转，离合器处于接合状态。

❶ 接合状态。当离合器盖总成被固定到飞轮上时，膜片弹簧大端受压并产生位移，对压盘产生压力，使从动盘摩擦片被压紧在飞轮和压盘之间，此时离合器处于接合状态。

❷ 分离过程。当分离离合器时，借助踏板机构的操纵使分离轴承前移，推动离合器膜片弹簧小端前移，膜片弹簧以支撑环为支点顺时针转动，膜片弹簧大端后移，通过分离钩拉动压盘离开从动盘，于是完成了分离动作，使离合器处于分离状态。

❸ 接合过程。逐渐松开离合器踏板，压盘在压紧弹簧的作用下向前移动，首先消除分离间隙，并在压盘、从动盘和飞轮工作表面上作用足够的压紧力；之后分离轴承在复位弹簧的作用下向后移动，产生自由间隙，离合器接合。

（3）快速识别方法与技巧

离合器安装在飞轮上，压盘上有膜片弹簧，摩擦片为圆盘形状。

（4）常见故障及解决办法

离合器常见的故障是压盘不能回位、摩擦片打滑，其故障现象为不能挂挡、车辆动力不足。

❶ 从动盘的常见故障现象是变形、磨损、摩擦片被污染或烧蚀硬化等。

当从动盘摩擦片上有油污或被烧蚀硬化时，与飞轮、压盘之间的摩擦系数减小，在同等压紧力时产生的摩擦力下降，引起离合器打滑。从动盘过度磨损使铆钉外露，引起离合器打滑。从动盘变形，使摩擦面的接触面积减小，传力效率降低，引起离合器打滑，同时从动盘翘曲变形或铆钉松脱，还会导致离合器分离时从动盘仍与压盘或飞轮接触，造成离合器分离不彻底。

从动盘检修的主要内容是检查其是否变形，摩擦片表面是否有油污或被烧蚀，如有，则需更换从动盘总成；同时还要检查从动盘的铆钉头深度和端面跳动量，如果不符合标准，则需更换从动盘总成。

❷ 离合器盖总成的常见故障现象是压盘变形、裂纹或烧蚀、盘面磨损等。

压盘变形，不能与从动盘摩擦片完全接触，使接触面积减小，传力效率降低，引起离合器打滑。

膜片弹簧因高温烧蚀退火而变软，弹力不足，变形或损坏时，会使其对压盘的压紧力下降，引起离合器打滑。

离合器盖检修的主要内容是检查压盘表面是否变形，是否有裂纹或烧蚀，压盘面磨损是否均匀，膜片弹簧弹力是否正常，若在检查中发现异常情况，应进行修复或更换。

3.6.2 齿轮组

（1）外观、结构与安装位置（图3-6-2）

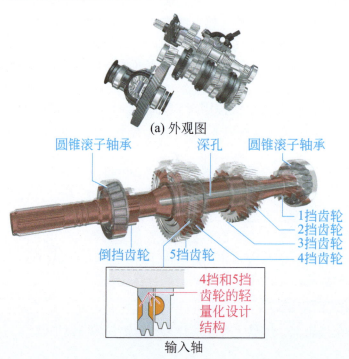

(a) 外观图

输入轴

第 3 章 变速器零部件

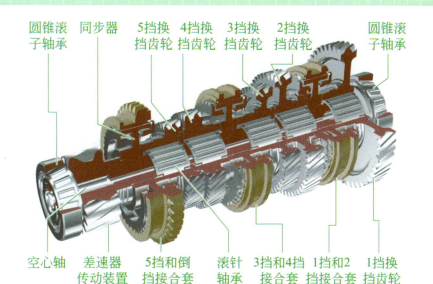

输出轴

倒挡齿轮

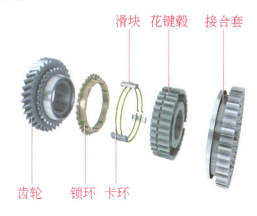

锁环式同步器结构

(b) 结构图

(c) 位置图

图 3-6-2 齿轮组

109

（2）工作原理与作用

输入轴接收发动机的驱动能量，然后通过挂入的挡位将能量传输至输出轴和差速器，直至前轮。通过换挡齿轮，输出轴可在不同挡位上实现不同的传动比。倒挡通过倒挡中间齿轮使输出轴沿相反方向旋转。

（3）快速识别方法与技巧

输入轴由两个圆锥滚子轴承支承在离合器壳体中，也就是变速箱壳体中。它在生产装配过程中采用的是无应力装配方式。

输入轴与1挡、2挡和倒挡（固定齿轮）齿轮由同一工件制成。3挡、4挡和5挡的齿轮则单独生产，压装在输入轴上。4挡、5挡齿轮的结构形状以及输入轴的深孔设计，减轻了变速箱的重量。

在输出轴上安装有接合套及同步器、换挡齿轮和差速器传动装置。为了降低输出轴的重量，其采用了空心轴的结构。同样装配有与输入轴上相同的圆锥滚子轴承，将输出轴支承在离合器壳体中，即变速箱壳体中。输出轴在生产装配过程中采用的是有预应力的装配方式。输出轴无径向分级变化，因此所有换挡齿轮的轴承都是相同的。换挡齿轮在滚针轴承上运行，并采用了轻量化设计。

1挡以及3挡、4挡和5挡采用了单锥面同步器。2挡采用了双锥面同步器。1～4挡的同步器采用了相同的设计。

倒挡齿轮（R挡）是输入轴的一部分。倒挡齿轮与一个中间齿轮啮合，该中间齿轮在离合器壳体内通过一个滚针轴承被支承在轴上。挂入倒挡需要通过接合套来完成，这个接合套也被用于切换到5挡。

（4）常见故障及解决办法

齿轮组常见的故障为齿轮磨损，其故障现象多为不好挂挡、换挂时打齿。

❶ 齿轮的常见损伤形式是过度磨损或变形损坏等。

齿轮过度磨损，使得沿齿长方向形成倒锥形，啮合时产生一个轴向推力，再加上工作中的振动、转速变化引起惯性等作用，迫使正在啮合的齿轮沿变速器轴向脱开，如此便容易造成变速器脱挡。

齿轮检修的主要内容是：检查齿轮齿形是否磨损过度或断齿、齿轮齿形在齿长方向是否磨损成锥形，若是则应更换。

❷ 同步器的常见损伤形式是齿轮变形或损伤、滑块或接合套磨损、卡滞等。

同步器齿轮变形或有损伤时，不能与接合套正常啮合；同步器滑块与花键毂槽磨损严重时，滑块无法与锁环正常咬合；同步器接合套与花键毂的轴向移动卡滞，这些故障都将引起换挡困难。而同步器接合套磨损变形，与齿轮不能维持在正确的接合位置，则容易造成变速器脱挡。

❸ 轴的常见损伤形式是轴弯曲变形或花键损坏以及轴与轴承之间的松旷等。

变速器轴弯曲变形或花键损坏，换挡时滑动齿轮或接合齿套的移动阻力增大或卡滞，造成换挡困难。变速器轴、轴承磨损或轴向间隙过大，在工作中引起轴向或径向窜动，使齿轮啮合不足，沿轴向和径向摆动造成脱挡。

轴检修的主要内容是：检查输入轴与输出轴是否有磨损变形，各轴颈及花键是否有严重磨损，异常时，应予以修复或更换；检查变速器轴和轴承的工作情况，踩下离合器踏板，撬动轴或齿轮，检查轴承的旷动量，必要时拆卸检查或更换。

3.6.3 变速器操纵机构

（1）外观、结构与安装位置（图3-6-3）

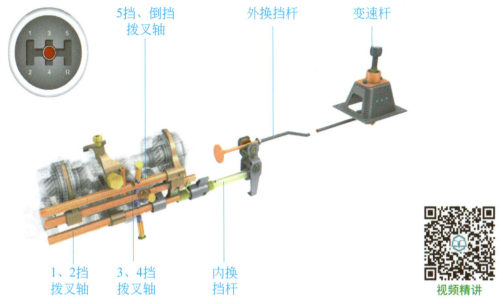

(a) 外观图

换挡拨叉

图 3-6-3

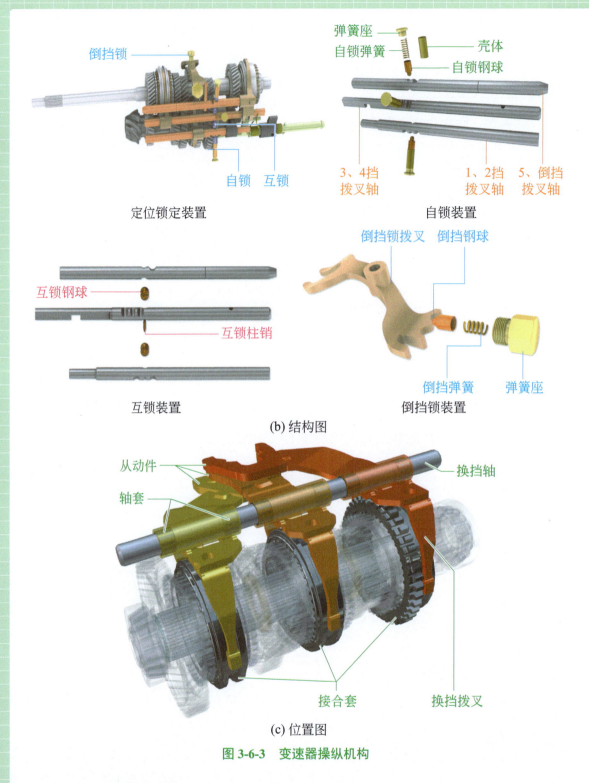

图 3-6-3 变速器操纵机构

（2）工作原理与作用

换挡拨叉轴将换挡轴的换挡运动传输到输出轴的接合套上。接合套卡入相应的换挡齿轮，进而完成挡位切换操作。

为了保证手动变速器能够准确无误地挂入所选定的挡位，并能可靠、安全地工作，手动变速器变速操纵机构设置了定位锁止装置。定位锁止装置主要有自锁装置、互锁装置、倒挡锁装置三种形式。

❶ 自锁装置。自锁装置用于防止变速器自动脱挡，并保证轮齿以全齿宽啮合。换挡拨叉轴上方有 3 个凹坑，上面有被弹簧压紧的钢珠，当拨叉轴位置处于空挡或某一挡位置时，钢珠压在凹坑内，起到自锁作用。

❷ 互锁装置。互锁装置用于防止同时挂上两个挡位。当中间拨叉轴移动挂挡时，另外两个拨叉轴被钢球锁住，防止同时挂上两个挡而使变速器齿轮卡死或损坏，起到互锁作用。

❸ 倒挡锁装置。倒挡锁装置用于防止误挂倒挡。当换挡杆下端向倒挡拨叉轴移动时，必须压缩弹簧才能进入倒挡拨叉轴上的拨块槽中。这样防止了在汽车前进时因误挂倒挡而导致零件损坏，起到了倒挡锁的作用。当倒挡拨叉轴移动挂挡时，另外两个拨叉轴被钢球锁住。

（3）快速识别方法与技巧

拨叉和定位锁止装置均安装在齿轮组上，通过换挡杆与外界的换挡轴连接。

（4）常见故障及解决办法

变速器操纵机构故障通常引起变速器换挡困难或脱挡，其具体检修如下。

❶ 变速器换挡困难故障检修。由变速器操纵机构故障引起手动变速器换挡困难的检修内容为：变速杆、自锁或互锁机构、拨叉轴等。

变速杆调整不当，使变速器只在一个方向能挂上挡，此时应调整变速杆的位置；变速杆拨动时的极限位置达不到规定标准，也使变速器很难挂上挡，此时应检查换挡拨叉及接合器是否变形。

变速器自锁或互锁机构的定位销或互锁销损伤、锁定弹簧过硬，使得拨叉轴的移动阻力增大或卡滞，造成换挡困难。如上述构件出现异常，需进行更换。

变速器拨叉轴弯曲变形使拨叉轴轴向移动的阻力增大或卡滞，拨叉的工作位置不佳，不能使待啮合的主、从动齿轮或接合齿套顺利啮合，造成换挡困难。如上述构件出现异常，需进行更换。

❷ 变速器脱挡故障检修。由变速器操纵机构故障引起手动变速器脱挡的检修内容为：变速杆，跳挡的挡位拨叉和拨叉轴，定位装置等。

由于变速器操纵机构松旷或调整不当、拨叉变形、拨块凹槽磨损等原因，使齿轮在齿长方向啮合不足，造成脱挡。此时应检查换挡杆是否到位，变速杆与换挡杆交接是否松旷，变速杆球头是否磨损严重，支撑杆套是否严重磨损，换挡杆拨块与拨块凹槽磨损是否严重。如上述构件出现异常，需进行更换。

变速器拨叉轴上的自锁定位槽和定位钢球磨损、定位弹簧弹力不足或折断，使得锁止力量不足、拨叉轴不能可靠定位，自锁装置失效，也会造成脱挡。如上述装置出现异常，需进行更换。

拨叉磨损或变形也是造成变速器脱挡的原因之一，如拨叉或拨叉轴出现异常，也需要进行更换。

3.6.4　液压式离合器操纵机构

（1）外观、结构与安装位置（图3-6-4）

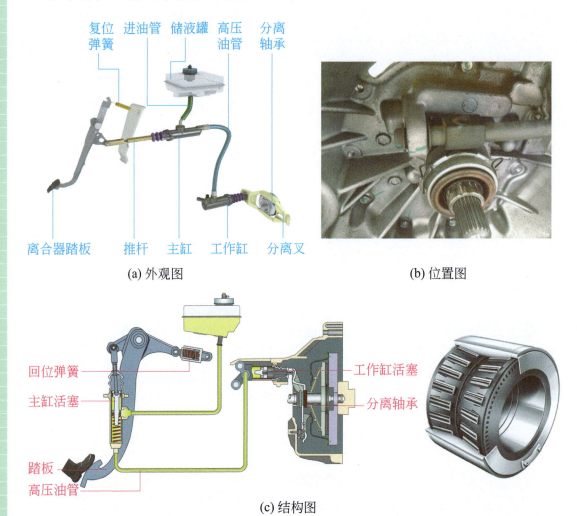

图 3-6-4　液压式离合器操纵机构

（2）工作原理与作用

离合器操纵机构是驾驶员用以控制离合器的机构，其作用是实现离合器分离及柔和接合。离合器操纵机构起始于离合器踏板，终止于离合器壳内的分离轴承。

踩下离合器踏板，推动主缸内活塞运动从而产生液压力，液压力通过高压油管作用于工作缸活塞，活塞运动带动分离轴承使离合器分离；松开离合器踏板，主缸活塞在回位弹簧作用下回到原位，高压油管内油压降低，工作缸中活塞回位，使离合器接合。

（3）快速识别方法与技巧

液压式离合器操纵机构主要由离合器踏板、推杆、储液罐、离合器主缸、离合器工作缸、分离轴承、分离叉等组成。

（4）常见故障及解决办法

离合器操纵机构常见的故障是卡滞、液压系统渗漏、有空气渗入、分离轴承异响。

❶ 卡滞故障现象多为踩下或松开离合器踏板时，会明显感觉到卡滞和不顺畅；故障位置多出现在离合拉索或分离轴承导向套，如出现卡滞故障，则需要更换相应损坏的零件。

❷ 液压系统渗漏故障现象多为离合器工作缸接头、密封圈出现渗漏；如出现渗漏现象，则需要更换离合器工作缸。

❸ 有空气渗入故障现象多为离合器踏板发软、离合器分离不彻底。如出现空气渗入故障，则需对系统进行排空气。

❹ 分离轴承异响故障现象多为启动发动机后，踏下离合器踏板时变速箱与发动机之间有"沙、沙"声音；如出现分离轴承异响，则需要更换分离轴承、离合器套件。

3.7 主减速器、差速器

（1）外观、结构与安装位置（图3-7-1）

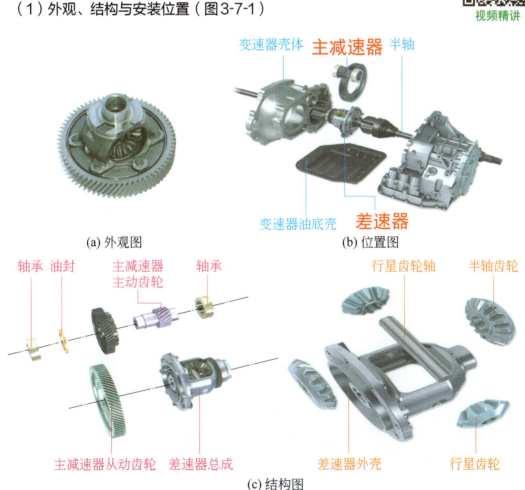

图 3-7-1 主减速器、差速器

(2) 工作原理与作用

主减速器的作用是将输入的转矩增大并相应降低转速，以及当发动机纵置时还具有改变转矩旋转方向的作用。

差速器的作用是当汽车转弯行驶或在不平路面上行驶时，使左右驱动车轮以不同的角速度滚动，以保证两侧驱动轮与地面间做纯滚动运动。

(3) 快速识别方法与技巧

主减速器和差速器安装在变速箱内，在变速箱内与输出轴连接，外侧与车辆的传动轴连接。

(4) 常见故障及解决办法

主减速器和差速器常见的故障是异响，主要是由齿轮的腐蚀磨损原因造成的。

汽车转弯时发出"咔叽、咔叽"的响声，低速直线行驶时也能听到一点，而车速升高后响声即消失，一般是差速器行星齿轮啮合间隙过大或行星齿轮轮齿、半轴齿轮轮齿及键槽磨损所致，应视情况进行更换。

3.8 运动型差速器

(1) 外观、结构与安装位置（图3-8-1）

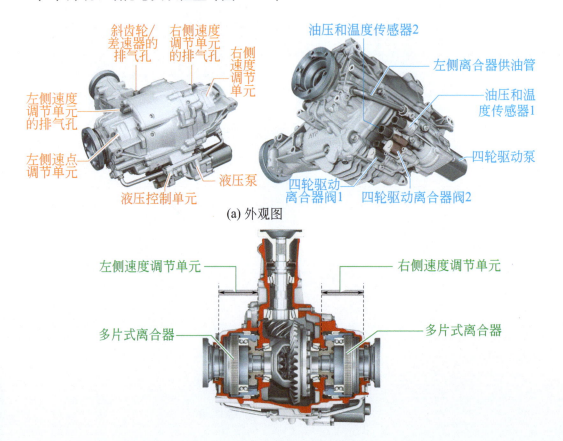

(a) 外观图

第3章 变速器零部件

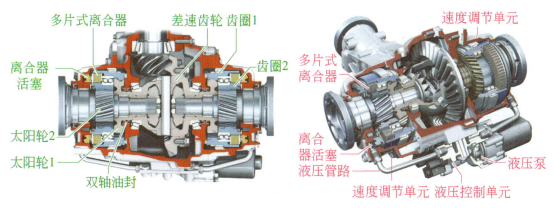

(b) 结构图

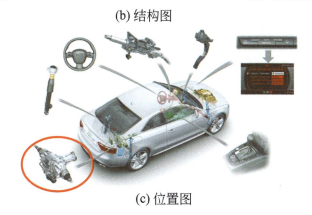

(c) 位置图

图 3-8-1 运动型差速器

（2）工作原理与作用

车轮对路面的滑动不仅会加速轮胎磨损，增加汽车的动力消耗，而且可能导致转向和制动性能的恶化。

若主减速器从动齿轮通过一根整轴同时带动两侧驱动轮，则两侧车轮只能以同样的转速转动。为了保证两侧驱动轮处于纯滚动状态，就必须改用两根半轴分别连接两侧车轮，而由主减速器从动齿轮通过差速器分别驱动两侧半轴和车轮，使它们可用不同角速度旋转。

（3）快速识别方法与技巧

安装在车辆后驱动桥上。

（4）常见故障及解决办法

❶ 单一性故障。

a. 行驶过程中有异音，如后桥（差速器承载壳体）发出"当、当"声响，当退至空挡时有可能此异响消失，这种现象有可能是齿轮被打坏或连接螺栓断裂等，应停车联系救援检查，更换相关被打坏部件后才可继续上路行驶。

b. 行驶中出现如飞机般轰鸣声响时，特别在丢油后的 1～2s 内出现较为严重，这种现象多为主、被动齿轮磨损导致。需及时进行维修，以防问题扩大，此种现象一般更换主、被动齿轮即可。

c. 行驶中出现有节奏的敲击声，特别是在忽然提速或是急加速时比较严重，多为内部齿轮间隙过大导致，此时应放低车速，送至售后进行检修。此现象多为部分齿轮间隙磨损过大，通过检修对磨损过大的部件进行更换后即可。

❷ 综合性故障（以下几类异响多为操纵驾驶不当、维护不当、油品选用不当造成）。

a. 半轴齿（花键）与差速器内孔齿（接合处）因磨损过度或是油品选用不当造成的间隙过大（打滑）等。

b. 十字轴轴颈与差速器壳的配合不当，或是十字轴脱落、断裂等。

c. 半轴齿与差速器内部行星齿啮合不当，如间隙过大、打滑等。

d. 内部摩擦片烧毁、打滑等。

此类故障多涉及一个或几个甚至多个配件原因，需要进行解体后逐一排查，再进行必要的配件更换以及进行相关间隙调整。

视频精讲

视频精讲

第 4 章 底盘悬架零部件

 底盘悬架类型

视频精讲

汽车的悬架系统是指车身、车架和车轮之间的一个连接结构系统，而这个结构系统包含了避振器、悬架弹簧、防倾杆、悬吊副梁、下控臂、纵向杆、转向节臂、橡胶衬套和连杆等部件。当汽车行驶在路面上因地面的变化而受到震动及冲击时，这些冲击的力量其中一部分会由轮胎吸收，但绝大部分是依靠轮胎与车身间的悬架装置来吸收的。

在汽车的行驶过程中，悬架的作用是弹性地连接车桥和车架，减缓行驶中车辆受到由路面不平引起的冲击力，保证乘坐舒适和货物完好，迅速衰减由于弹性系统引起的振动，传递垂直、纵向、侧向反力及其力矩，并起导向作用，使车轮按照一定轨迹相对车身运动。悬架决定着汽车的稳定性、舒适性和安全性，是现代汽车十分重要的部件之一。

典型的悬架结构由弹性元件、导向机构以及减振器等组成，个别结构则还有缓冲块、横向稳定杆等。弹性元件又有钢板弹簧、空气弹簧、螺旋弹簧以及扭杆弹簧等形式，而现代轿车悬架多采用螺旋弹簧和扭杆弹簧，高档豪华大客车则使用空气弹簧。

4.2 减振器

（1）外观、结构与安装位置（图4-2-1）

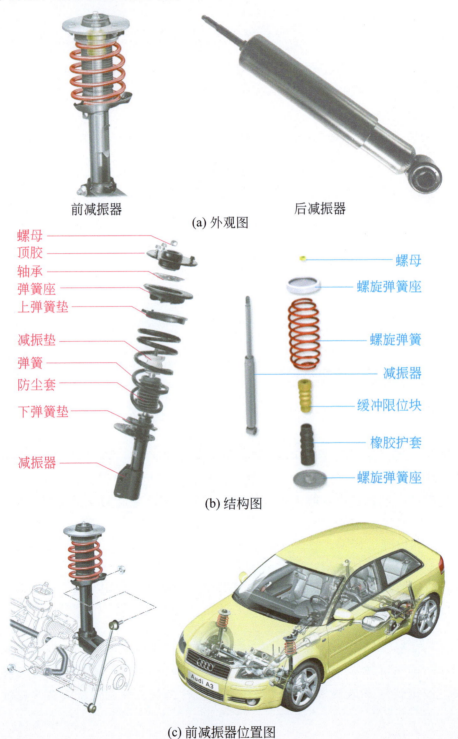

(a) 外观图

(b) 结构图

(c) 前减振器位置图

(d) 后减振器位置图

图 4-2-1　减振器

（2）工作原理与作用

当车轮上下跳动时，减振器的工作活塞在油液中做往复运动，使工作活塞的上腔和下腔之间产生油压差，压力油便推开压缩阀或伸张阀而来回流动。由于阀对压力油产生较大的阻尼力，故使振动衰减。

（3）快速识别方法与技巧

减振器安装在前悬架上，上部连接车架、下部连接后桥。

（4）常见故障及解决办法

减振器常见的故障是异响、漏油，其故障现象为车辆经过不平路面时会产生异响。检查方法：

❶ 检查减振器是否有漏油，如果出现漏油则需更换减振器；

❷ 检查异响时，需要将车辆开到不平的路面进行路试，首先确定异响在左侧还是右侧，因为减振器的异响与连接杆的异响差不多，在排除连接杆后，可对减振器进行拆检，更换损坏的零件。

4.3 刚板弹簧

（1）外观、结构与安装位置（图4-3-1）

(a) 外观图

图 4-3-1

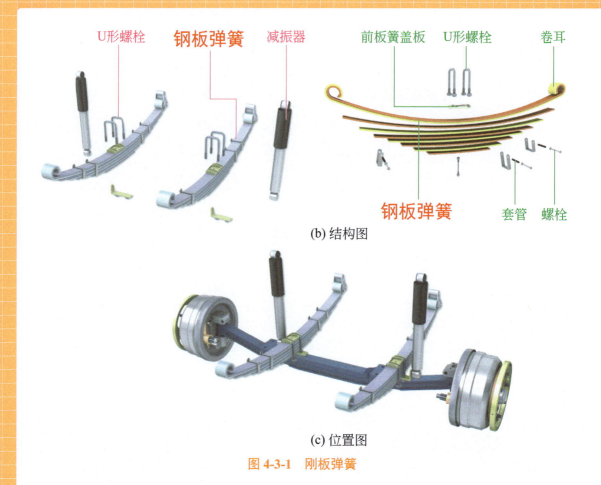

(b) 结构图

(c) 位置图

图 4-3-1　刚板弹簧

（2）工作原理与作用

为加速振动的衰减，改善驾驶员的乘坐舒适性，在货车的前悬架中一般都装有减振器，而货车后悬架则不一定装减振器。

（3）快速识别方法与技巧

钢板弹簧在车上通常是纵向布置的，前钢板弹簧中部用2个U形螺栓固定在前桥上。

（4）常见故障及解决办法

钢板弹簧往往由于超负荷而产生疲劳折断，造成钢板弹簧断裂（图4-3-2）的具体原因有以下几点。

Ⅰ区断裂：U形螺栓紧固不牢；中心螺栓松动折断；中心螺栓没有嵌入车轴支架定位孔；零件局部缺陷等。

Ⅱ区断裂：U形螺栓紧固过紧；钢板弹簧支架边缘圆角过小；经常超载运行；减振器失效。

Ⅲ区断裂：紧急制动或起步过猛造成板簧S形卷绕；夹箍松弛；板簧表面缺陷，热处理过烧、脱炭或晶粒粗大；单片喷丸时，因夹具障碍造成局部未喷；减振器失效；夹箍与主片上表面间隙小，主片侧扭时

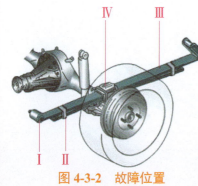

图 4-3-2　故障位置

的剪切力过大；疲劳损坏。

Ⅳ区断裂：卷耳制造时，局部出现热处理缺陷；片间无润滑，干摩擦过大，呈锁止状态；紧急制动或突然起步频繁；靠近卷处夹箍与主片表面间隙过小。

4.4 空气悬架

（1）外观、结构与安装位置（图4-4-1）

前桥空气弹簧减振支柱(四轮驱动)　　后桥空气弹簧减振支柱

(a) 外观图

1—上部件顶部；
2—下部件顶部；
3—膜片折叠气囊；
4—防尘套；
5—电子减振器控制系统EDC调节阀；
6—减振器筒；
7—减振器调节装置电气接口；
8—带集成式剩余压力保持阀的气动接口

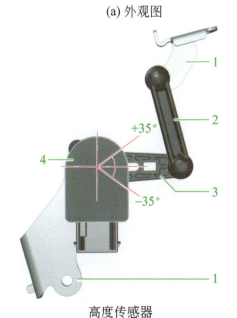

高度传感器

1—支架；
2—带球面接头的连杆；
3—偏转杆；
4—车辆高度传感器

图 4-4-1

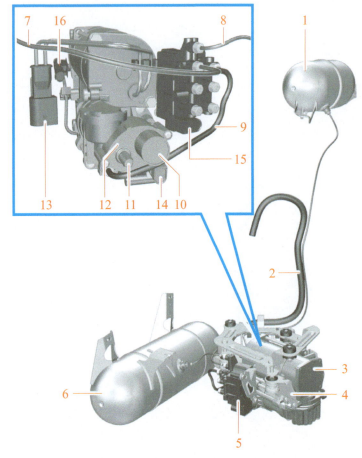

1—蓄压器Ⅰ；
2—进气软管；
3—电动压缩机；
4—带减振器的支架；
5—电磁阀体；
6—蓄压器Ⅱ；
7—蓄压器Ⅰ压缩空气管路；
8—蓄压器Ⅱ压缩空气管路；
9—用于为电磁阀体供给空气的压缩空气管路；
10—大气通风装置；
11—进气软管接口；
12—空气滤清器壳体端盖；
13—电动空气压缩机插接触点；
14—电动排放电磁阀插接触点；
15—电磁阀体插接触点；
16—温度传感器插接触点

空气供给系统总成

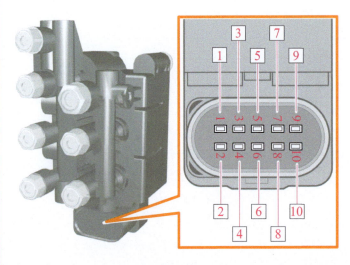

1—控制用于左前空气弹簧减振支柱的电磁阀；
2—控制蓄压器的电磁阀；
3—控制用于左后空气弹簧减振支柱的电磁阀；
4—控制用于右前空气弹簧减振支柱的电磁阀；
5,6—接地；
7—传感器接地(压力传感器)；
8—控制用于右后空气弹簧减振支柱的电磁阀；
9—传感器供电(压力传感器)；
10—传感器信号输出端(压力传感器)

电磁阀体

(b) 结构图

第4章 底盘悬架零部件

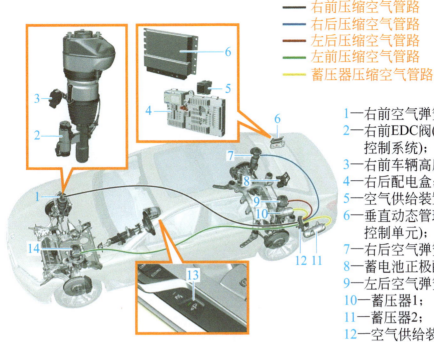

—— 右前压缩空气管路
—— 右后压缩空气管路
—— 左后压缩空气管路
—— 左前压缩空气管路
—— 蓄压器压缩空气管路

1—右前空气弹簧减振支柱；
2—右前EDC阀(电子减振器控制系统)；
3—右前车辆高度传感器；
4—右后配电盒；
5—空气供给装置继电器；
6—垂直动态管理平台(中央控制单元)；
7—右后空气弹簧减振支柱；
8—蓄电池正极配电盒；
9—左后空气弹簧减振支柱；
10—蓄压器1；
11—蓄压器2；
12—空气供给装置；
13—高度调节开关；
14—左前空气弹簧减振支柱

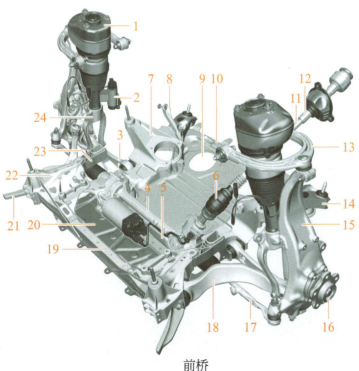

前桥

1—空气弹簧减振支柱支撑座；
2—电子减振器控制系统执行机构；
3—下部横摆臂；
4—转向器；
5—横梁；
6—连接转向器的转向轴十字轴万向节；
7—侧面铸件；
8—支撑杆；
9—维修口；
10—后部推力缓冲板；
11—转向轴；
12—连接转向柱的转向轴十字轴万向节；
13—上部三角横摆臂；
14—纵梁；
15—摆动支座；
16—车轮轴承单元；
17—转向横拉杆球头；
18—拉杆；
19—横管；
20—前部维修盖板；
21—拉杆；
22—角铸件；
23—角铸件连接件；
24—弹簧减振支柱支架

图 4-4-1

125

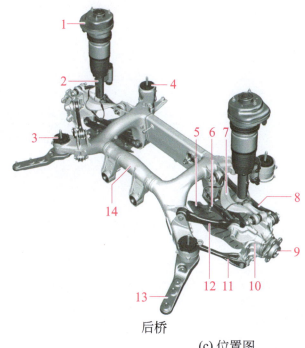

1—支撑座;
2—空气弹簧减振支柱;
3—前部橡胶支座;
4—后部橡胶支座;
5—导风翼;
6—外倾控制臂;
7—横摆臂;
8—前束控制臂;
9—车轮轴承单元;
10—车轮托架;
11—纵摆臂;
12—导向臂;
13—推力杆;
14—车桥托架

后桥

(c) 位置图

图 4-4-1　空气悬架

（2）工作原理与作用

空气悬架用于提高行驶舒适性。主要在静止状态下进行系统调节，从而补偿因车辆负荷产生的高度变化。在惯性作用下，系统无法对因快速驶过转弯路段等产生的行驶动态干扰参数做出反应。行驶期间进行动态调节仅用于补偿因燃油箱容积降低和空气弹簧减振支柱温度变化产生的高度变化。

用于调节空气悬架的中央控制单元是垂直动态管理平台（VDP）。垂直动态管理平台控制单元通过四个车辆高度传感器读取当前车辆高度。在调节过程中，垂直动态管理平台对电磁阀体的相应电磁阀进行控制。

在静止状态下和低车速下（0～20km/h）根据两个蓄压器的储存容积进行调节。在行驶期间（20km/h 以上）进行调节时，所需压缩空气不由蓄压器提供而是由压缩机产生，并直接输送至相应空气弹簧减振支柱。在特殊情况下也会在静止状态下接通压缩机。

空气弹簧减振支柱内容积增大时会使车身升高。通过四个车辆高度传感器识别出达到规定高度并终止控制相应电磁阀。为了避免频繁进行调节，通过一个三点调节装置进行处理。在此单独通过两个车辆高度传感器来调节后桥。在前桥处根据一个平均值调节相应车辆高度。

（3）快速识别方法与技巧

减振器安装在前后悬架上，控制单元、蓄压器等均安装在后备厢内。

（4）常见故障及解决办法

空气悬架常见的故障是漏气，其故障现象多为空气悬架塌下。

首先要判断是单个减振器塌下,还是四个塌下。如果是单个塌下,则重点检查该减振器及其供气系统是否存在故障,更换损坏的零部件即可。如果是四个塌下,则重点检查空气供给装置、管路、控制模块,更换损坏的零部件即可。

4.5 稳定杆

(1) 外观、结构与安装位置(图4-5-1)

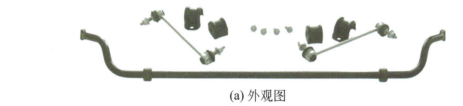

(a) 外观图

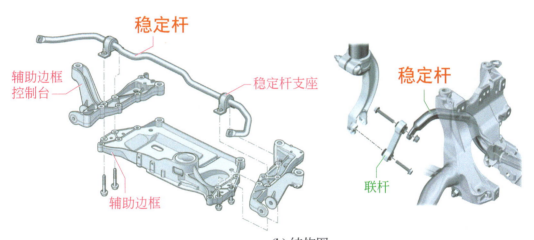

(b) 结构图

(c) 位置图

图 4-5-1　稳定杆

（2）工作原理与作用

横向稳定杆的作用是防止车身在转弯时发生过大的横向侧倾，尽量使车身保持平衡。目的是减少汽车横向侧倾程度和改善平顺性。横向稳定杆实际上是一个横置的扭杆弹簧，在功能上可以看成是一种特殊的弹性元件。当车身只做垂直运动时，两侧悬架变形相同，横向稳定杆不起作用。当汽车转弯时，车身侧倾，两侧悬架跳动不一致，外侧悬架会压向稳定杆，稳定杆就会发生扭曲，杆身的弹力会阻止车轮抬起，从而使车身尽量保持平衡，起到横向稳定的作用。

（3）快速识别方法与技巧

连接杆安装下托架上，连接左右两侧的连杆，通过连杆连接两侧的减振器。

（4）常见故障及解决办法

稳定杆常见的故障是移位，其故障现象为两侧的间隙不一样，与下托架接触后产生异响。连接杆常见的故障是球头松动，其故障现象为车辆经过不平路时会产生异响。

检查方法：目测检查稳定杆左右两侧的间隙是否一致，如不一致则更换稳定杆支座衬套，再将左右两侧的间隙调整到一致。

用手摇动连接杆，如球头有松动，则需要更换连接杆。

4.6 控制臂

（1）外观、结构与安装位置（图4-6-1）

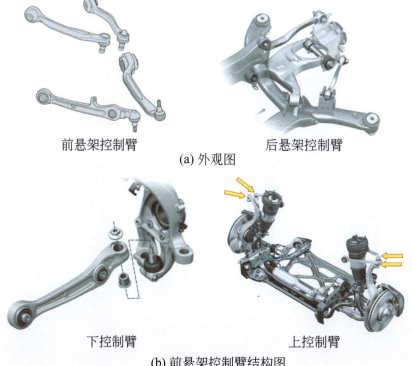

前悬架控制臂　　　　　　　　后悬架控制臂

(a) 外观图

下控制臂　　　　　　　　上控制臂

(b) 前悬架控制臂结构图

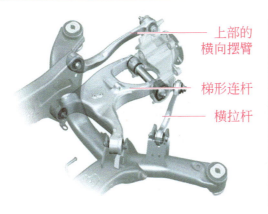
(c) 后悬架控制臂结构图

(d) 前悬架控制臂安装图

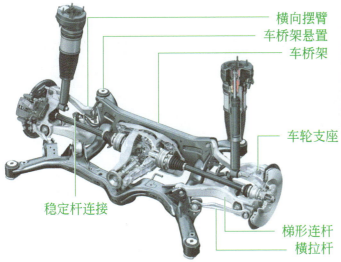

(e) 后悬架控制臂位置图

图 4-6-1 控制臂

(2) 工作原理与作用

控制臂作为汽车悬架系统的导向和传力元件,将作用在车轮上的各种力传递给车身,同时保证车轮按一定轨迹运动。

(3) 快速识别方法与技巧

控制臂分别通过球铰或者衬套把车轮和车身弹性地连接在一起。

(4) 常见故障及解决办法

控制臂常见的故障是衬套损坏,其故障现象多为车辆经过不平路时会产生异响。

检查方法:目测,使用撬棍撬动控制臂,检查衬套是否有损坏,如发现有损坏则需要更换整条控制臂。

4.7 转向节

（1）外观、结构与安装位置（图4-7-1）

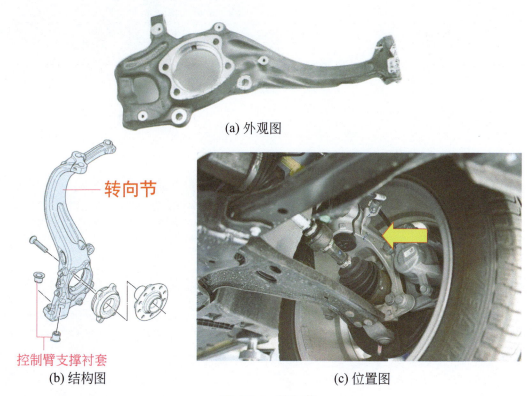

(a) 外观图

(b) 结构图

(c) 位置图

图 4-7-1　转向节

（2）工作原理与作用

转向节是汽车转向桥中的重要零件之一，能够使汽车稳定行驶并更加灵敏地传递行驶方向。

转向节的作用是传递并承受汽车前部载荷，支承并带动前轮绕主销转动而使汽车转向。在汽车行驶状态下，它承受着多变的冲击载荷，因此，要求其具有很高的强度。

（3）快速识别方法与技巧

转向节上部连接减振器，下部连接下控制臂，中间连接变速箱的传感器轴，同时在转向节上安装制动系统与轮胎。

（4）常见故障及解决办法

转向节常见的故障为变形，其故障现象多为轮胎出现不正常的磨损、直线行驶时跑偏。

检查方法：转向节的变形通常不易发现，如果轮胎出现不正常的磨损、直线行驶跑偏时，首先检查底盘悬架是否有故障，在检查不到问题的情况下，对车辆进行四轮定位，分析四轮定位参数的主销后倾角、主销内倾角、前轮外倾角、前轮前束。

4.8 轮胎及轮辋

（1）外观、结构与安装位置（图4-8-1）

(a) 外观图

(b) 位置图

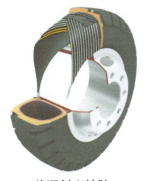

普通斜交轮胎

子午线轮胎

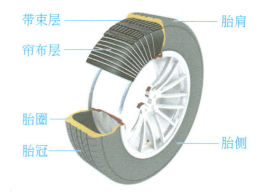

(c) 结构图

图4-8-1 轮胎及轮辋

（2）工作原理与作用

轮胎的作用是支承整车；缓和由路面传来的冲击力；通过轮胎同路面间存在的附着力作用来产生驱动力和制动力；汽车转弯行驶时产生平衡离心力的侧抗力，在保证汽车正常转向行驶的同时，通过车轮产生的自动回正力矩，使汽车保持直线行驶方向；承担越障和起到提高通过性的作用等。

（3）快速识别方法与技巧

车轮安装在车辆的转向节上，通常是一个黑色的圆圈为轮胎，轮胎中间的为轮辋。

（4）常见故障及解决办法

轮胎常见的故障是鼓包、胎面变形、老化，鼓包的故障现象多为在胎壁出现一个鼓起的包，容易破裂造成事故，如出现轮胎鼓包则需要更换轮胎。

胎面变形、老化故障现象多为车辆在 40～60km/h 的速度行驶时，胎噪变大，同时也因为老化容易造成爆胎，这种情况也需要更换轮胎。

4.9 传动轴

4.9.1 后驱汽车万向传动装置

（1）外观、结构与安装位置（图4-9-1）

视频精讲

(a) 外观图

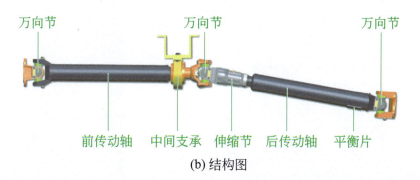

(b) 结构图

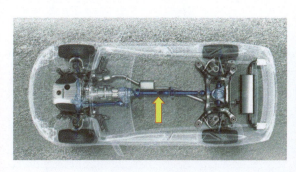

(c) 位置图

图 4-9-1 万向传动装置

（2）工作原理与作用

传动轴是万向传动装置中的主要传力部件，在前置后轮驱动的乘用车和大部分的载货车中，传动轴通常制成整体式。

（3）快速识别方法与技巧

发动机前置后驱车辆的传动轴在车辆底盘上，上部黑色的铁柱就是传动轴，从变速器到后桥上。

（4）常见故障及解决办法

❶ 传动轴。传动轴的主要损伤形式有弯曲、凹陷或裂纹等，其导致的常见故障现象是汽车在行驶中发出周期性的响声，且响声随着速度的增大而增大，甚至还可能伴随着车身的振动。

传动轴检修主要包含以下内容。

a. 检查传动轴轴管是否有裂纹及严重的凹陷，如有，则应更换传动轴。

b. 检查传动轴是否弯曲变形，如有，则应更换传动轴。

检查传动轴时可用 V 形铁架起传动轴，使其水平，而后旋转，用百分表在轴的中间部位进行测量。其径向跳动公差应符合表 4-9-1 的规定，否则应更换或校正传动轴（轿车传动轴径向全跳动公差应比表 4-9-1 相应减小 0.2mm）。

表 4-9-1　径向跳动公差　　　　　　　　　　　　单位：mm

轴长	< 600	600～1000	> 1000
径向全跳动公差	0.60	0.80	1.00

c. 检查中间传动轴支承轴颈的径向圆跳动。

径向圆跳动的公差不应超过 0.10mm，否则应更换或进行镀铬修复，或予以更换。

d. 检查传动轴花键与滑动叉花键、凸缘叉与所配合花键的间隙。

轿车应不大于 0.15mm，其他类型的汽车应不大于 0.30mm，装配后应能滑动自如。若超过限值，应更换传动轴或滑动叉。

❷ 中间支承。中间支承的常见损伤形式是橡胶老化和轴承磨损，其导致的常见故障现象是传动轴的振动和异响等。

中间支承的检修主要包含以下内容。

a. 检查中间支承轴承的旋转是否灵活，油封和橡胶衬垫是否损坏，如有异常应更换中间支承。

b. 检查中间支承轴承的松旷程度，分解后可进一步检查轴承的轴向和径向间隙是否符合原厂规定，如出现松旷或间隙不符合规定等情况，应更换中间支承。

4.9.2 前驱汽车传动轴

（1）外观、结构与安装位置（图4-9-2）

(a) 外观图

(b) 结构图

左侧传动轴

右侧传动轴

(c) 位置图

图4-9-2 传动轴

（2）工作原理与作用

半轴的主要作用是传递动力。

半轴是将差速器传来的转矩传给车轮，通过这种传递方式驱动汽车行驶，现在汽车使用的都是半轴支撑形式，最常见的有全浮式半轴和半浮式半轴，而全浮式半轴的应用最为广泛。

（3）快速识别方法与技巧

半轴是在差速器与驱动轮之间传递动力的实心轴，其内端花键与差速器的半轴齿轮相连接，而外端则用凸缘与驱动轮的轮毂相连接，半轴齿轮的轴颈支承在差速器壳两端轴颈的孔内，而差速器壳又以其两侧轴颈借助轴承直接支承在主减速器壳上。

（4）常见故障及解决办法

万向节的主要损伤形式是磨损、锈蚀及松旷，其导致的常见故障是汽车起步或突然改变车速时传动轴发出"吭"的响声，在汽车缓行时，发出"咣当、咣当"的响声。

万向节（以球笼式万向节为例）、防尘罩的检修主要包含以下内容。

❶ 检查球笼是否锈蚀，沟槽是否有严重的磨损，如有则应更换万向节。

❷ 检查钢球表面是否光滑、色泽是否明亮，如出现麻点、球面灰暗等情况，则应更换万向节。

❸ 检查防尘罩是否完好无损，如出现破损，则应更换防尘罩。

4.10 胎压监控系统总成

（1）外观、结构与安装位置（图4-10-1）

(a) 外观图

1—动态稳定系统控制单元；2—制动管路接口；3—回流泵；4—固定支架

(b) 结构图

图 4-10-1

1—右前车轮电子装置；
2—中央信息显示屏(可显示轮胎充气压力)；
3—右后车轮电子装置；
4—遥控信号接收器；
5—左后车轮电子装置；
6—组合仪表；
7—动态稳定控制系统DSC；
8—左前车轮电子装置

(c) 位置图

图 4-10-1　胎压监控系统总成

（2）工作原理与作用

处于静止模式（车轮静止）15min 后，只要车轮电子装置识别出车速超过 20km/h，就会开始以自适应模式发送信号。在自适应模式下，在 9min 内每隔 15s（40 个记录）向 DSC 控制单元发送一次记录。通过在自适应模式下进行发送，DSC 控制单元可计算出各车轮电子装置的安装位置。如果用其他车辆的车轮组更换当前部件且该车轮组静止模式（车轮静止）时间未超过 15min，则车轮电子装置就会开始以准备模式发送信号。在准备模式下无法进行车轮电子装置自适应。

可在即将把车轮组装到车上之前进行车轮组平衡。因为进行平衡时只有少量记录会以自适应模式发送，还有足够多的记录可确保车轮电子装置进行有效自适应。

（3）快速识别方法与技巧

车轮电子装置安装在车轮内，气门嘴材质一般为铝合金。

（4）常见故障及解决办法

轮胎压力监控系统常见的故障是轮胎漏气，其故障现象为轮胎压力监控系统报警。

❶轮胎被扎引起的胎压监测灯亮。这种情况通常为极慢的漏气，一时没法发现到底是哪个轮胎漏气，这时可以用胎压表测量，前轮 2.3bar，后轮 2.5bar，若缺气，则补足，然后观察胎压报警灯，若过几天又亮起，则需要扒胎检查。

❷胎压监测灯亮有时显示胎压过高。通常国际 GB/T 2978—2008 中规定汽车轮胎充气压力符合以下要求：标准型轮胎 2.4～2.5bar；增强型轮胎 2.8～2.9bar；最高气压不

应大于3.5bar。所以当有轮胎压力超过3.0bar时也会触发胎压监测灯亮。

❸ 低胎压行车时间过长引起的胎压监测灯亮。这种情况通常发生在某个轮胎胎压过低，高速运转使胎温升高，进而引起的胎压升高，这时应及时停车休息或更换备胎。

❹ 久未充气的胎压变低引起的胎压监测灯亮。当气压低于1.8bar时，会引起的胎压监测灯亮，所以平时应经常检查，看胎压检测器是否正常。在汽车出现异常情况时，若是胎压监测器没有及时报警，就是胎压监测器出现问题；如果是点火开关ON/START，指示灯与TPMS指示灯同时点亮2s后熄灭，那这种情况要么是车辆原装的接收器未进行学习绑定，要么就是曾经更换过接收控制器，并且该接收控制器未经过学习绑定。

第5章 制动系统零部件

5.1 制动系统概述

（1）制动系统的功用

为了在技术上保证汽车安全行驶，提高汽车的平均行驶速度，汽车上都设有专用的制动系统，使行驶中的汽车减速或在最短的距离内停车，并可使汽车可靠地停放在原地（包括在坡道上）保持不动。

（2）制动系统的组成

汽车制动系统主要由以下各部分组成（图5-1-1）。

❶ 供能装置——包括供给、调节制动所需能量以及改善传能介质状态的各种部件。其中产生制动能量的部分称为制动能源。

❷ 控制装置——包括产生制动动作和控制制动效果的各种部件，如制动踏板、制动阀等。

❸ 传动装置——包括将制动能量传输到制动器的各个部件，如制动主缸和制动轮缸等。

❹ 制动器——产生制动摩擦力矩的部件。

较为完善的制动系统还具有制动力调节装置、报警装置、压力保护装置等附加装置。

第 5 章 制动系统零部件

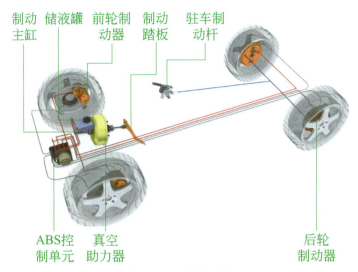

图 5-1-1 制动系统

（3）制动系统的类型

❶ 按制动系统的功用分类　汽车制动系统按制动系统的功用可分为行车制动系统（脚制动）和驻车制动系统（手制动）（图 5-1-2）。

行车制动系统——使行驶中的汽车降低速度甚至停车的一套专门装置。

驻车制动系统——使已停驶的汽车驻留原地不动的一套装置。

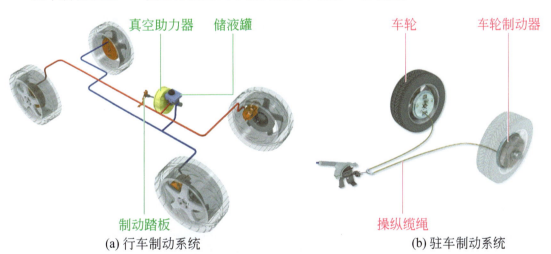

(a) 行车制动系统　　　　　　　　　　(b) 驻车制动系统

图 5-1-2 制动系统分类

❷ 按制动能量的传输方式分类　按照制动能量的传输方式，制动系统又可分为液压式制动系统和气压式制动系统（图 5-1-3）等。同时采用两种传能方式的制动系统可称为组合式制动系统，如气顶液制动系统。

目前所有汽车都采用双回路制动系统，如轿车的左前轮和右后轮共用一条制动回路、右前轮和左后轮共用另一条制动回路，当一个回路失效时，另一个回路仍能工作，这样有效提高了汽车的行车安全性。

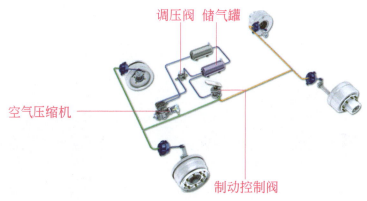

图 5-1-3　气压式制动系统

5.2 盘式制动器

（1）外观、结构与安装位置（图5-2-1）

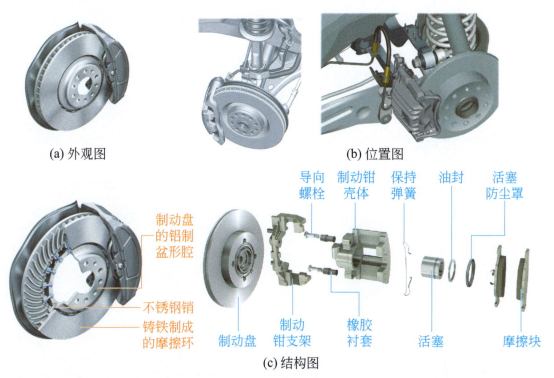

图 5-2-1　盘式制动器

（2）工作原理与作用

盘式制动器主要有钳盘式和全盘式两种，其中钳盘式制动器更常用。钳盘式制动器的旋转元件是制动盘，固定元件是制动钳。钳盘式制动器主要有定钳盘式和浮钳盘式两种。

滑动钳盘式制动器实施制动时，液压力使活塞伸出，推动刹车片，刹车片压向制动盘的内侧表面。制动盘反作用于活塞上的压力使卡钳沿着导轨向内侧移动。卡钳的移动对外侧的刹车片施加压力，使得刹车片压向制动盘外侧表面上。于是两侧的刹车片都压向制动盘的表面，逐渐增大的制动摩擦力使车轮停止转动。

（3）快速识别方法与技巧

圆形的盘就是制动盘，制动钳安装在制动盘上，制动块安装在制动钳内。

（4）常见故障及解决办法

常见的故障是刹车异响，其故障现象多为在低速行驶时刹车产生"吱、吱"的异响。检查方法：

❶ 检查制动盘是否有起槽，如果有起槽，则需要检查制动盘的厚度，测量数据与维修手册对比，如不符合则需要更换制动盘；

❷ 拆下制动块，检查制动块是否过度磨损，达到了极限，如果过度磨损则更换制动块；

❸ 在制动盘、制动块都符合要求的情况下，对制动块进行打磨，将边缘位置打磨即可清除噪声。

5.3 鼓式制动器

（1）外观、结构与安装位置（图5-3-1）

(a) 外观图

(b) 位置图

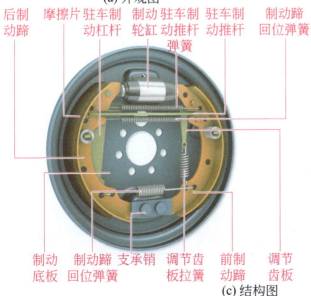

(c) 结构图

制动鼓

图 5-3-1　鼓式制动器

（2）工作原理与作用

制动时制动蹄在促动装置作用下向外旋转，外表面的摩擦片压靠到制动鼓的内圆柱面上，对鼓产生制动摩擦力矩。

（3）快速识别方法与技巧

外形像一个圆形的鼓，部分轿车通常是后制动器为鼓式。

（4）常见故障及解决办法

鼓式制动器常见的故障是刹车自动调节装置失效，其故障现象多为定位装置脱落。此时拉起手刹，手刹操纵手柄一般比正常时高。

定位装置脱落时，应重新安装或更换套件。

5.4 真空助力器

（1）外观、结构与安装位置（图5-4-1）

(a) 外观图

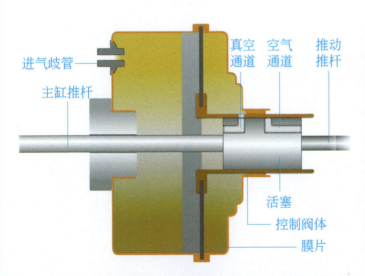

(b) 结构图

(c) 位置图

图 5-4-1　真空助力器

（2）工作原理与作用

真空助力器又叫加力器，它是利用真空加力气室产生的力源，协助踏板力共同推动总泵活塞，减轻驾驶员踩踏板的用力的装置。

不制动时，弹簧将推杆连同活塞向后推到极限位置，阀门被弹簧压在大气阀座上，即大气阀关闭。气室的前、后室经通道、控制阀相互连通，并与空气隔绝。

制动时，踩下制动踏板，膜片座固定不动，来自踏板的力推动推杆和活塞相对于膜片座前移，当活塞与反作用盘之间的间隙消除后，踏板力便经反作用盘传给制动总泵推杆。总泵的制动液流入分泵，同时阀门在弹簧作用下，随同控制阀柱塞前移，直到与膜片座上的真空阀座接触，使前、后气室隔绝。推杆推动活塞前移到后端通大气。在前、后气室压力差的作用下，加力气室的膜片和膜片座前移，总泵推杆进一步推动活塞将制动液送入分泵。较小的踏板力，可获得较大的制动力。

制动踏板停在某一位置，控制阀柱塞和推杆停在某个位置上；橡胶阀门随膜片座前移，落到控制阀活塞端面上，与大气阀座贴接，真空阀和空气阀同时关闭，处于平衡状态，此时分泵中压力保持不变。

松开踏板，在弹簧作用下，控制阀活塞和推杆、橡胶阀门一起后移到右边极限位置。在回位中，大气阀门关闭，真空阀开启，使气室左、右压力相等。加力气室膜片及座和制动总泵也恢复到原来位置。

（3）快速识别方法与技巧

真空助力器与制动总泵相连，控制阀推杆右端与制动踏板连接。

（4）常见故障及解决办法

真空助力器常见的故障为漏气，其故障现象为制动踏板发硬。

检查方法如下。

❶ 打开发动机，运行 1～2min 后关闭，然后分三次踩踏板。

正常工作的真空助力器，第一次踩踏板时，由于真空助力器存在足够的真空，其踏板行程正常；第二次踩踏板时，由于真空助力器内已损失一些真空，所以踏板行程会减小很多；第三次踩踏板时，真空助力器内真空已很少，所以踏板行程也很小，再踩下去就踩不动了。以上即所谓"一脚比一脚高"。这证明真空助力器无漏气，工作正常。如果每一次踏板行程都很小，且行程都不变，即所谓的"脚特别硬"，则说明真空助力器漏气失效。漏气严重的，可听到漏气声音。对于漏气的真空助力器需予以更换。

❷ 关闭发动机，踩踏板数次，将真空助力器内真空"放掉"。然后踩住踏板，打开发动机，此时踏板应随着发动机抽真空而自动下降，待下降到正常位置后，关闭发动机，1min 内踩踏板的脚应无反弹感觉。若踩踏板的脚逐渐被抬起，说明助力器漏气，应予以更换。

5.5 制动主缸

（1）外观、结构与安装位置（图5-5-1）

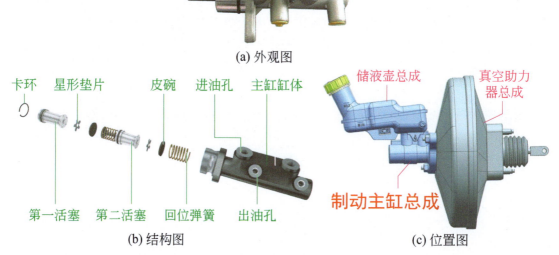

图 5-5-1　制动主缸

（2）工作原理与作用

制动时，通过活塞推杆推动后活塞，再经推杆带动前活塞，压缩回位弹簧使前、后活塞一起前移，使前、后腔容积缩小，在活塞封闭回油孔后，油压升高，制动液在总分泵之间压力差作用后，从前、后腔的出油孔流向前、后桥分泵实现制动。

放松制动时，活塞推杆后退，活塞在回位弹簧作用下后退，前、后腔容积增大，分泵制动液压力高于总泵制动液压力，部分制动液分别流回总泵前、后腔，制动器的制动作用被解除。

在完全放松制动踏板后，回油孔打开，多余的部分制动液可从回油孔流回储液缸，以避免制动拖滞的产生。

（3）快速识别方法与技巧

制动主缸安装在制动助力器的前方，制动液储液壶的下方连接处。

（4）常见故障及解决办法

制动主缸常见的故障是制动主缸泄压，其故障现象为制动效果差。检查方法如下：

维持制动时，踏板的高度若缓慢或迅速下降，说明制动管路某处破裂、接头密闭不良或分泵皮碗密封不良，其回位弹簧过软或折断，或总泵皮碗、皮圈密封不良，回油阀及出油阀不良。可首先踩下制动踏板，观察有无制动液渗漏部位。若外部正常，则是总泵故障。

连续几脚制动后,踏板高度仍过低,且在第二脚制动后,感到总泵活塞未回位,踩下制动踏板即有总泵推杆与活塞碰击响声,是总泵皮碗破裂或回位弹簧太软。

制动主缸出现故障,必须进行更换。

5.6 鼓式制动分泵

(1)外观、结构与安装位置(图5-6-1)

(a) 外观图

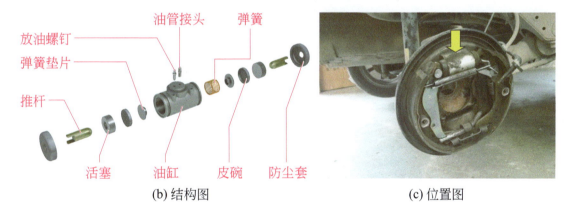

(b) 结构图　　　　　　　　　　(c) 位置图

图 5-6-1　制动分泵

(2)工作原理与作用

制动时,总泵输出的压力制动液进入分泵后,对活塞作用一个推力,使活塞向外移动,将制动蹄推压在制动鼓上,从而产生制动作用。放松制踏板动后,轮缸中制动液倒流回总泵,轮缸油压下降,制动蹄拉簧克服分泵内油压,将蹄片拉离制动鼓,使制动解除。

(3)快速识别方法与技巧

制动分泵安装在制动器内,连接着制动油管,左右两侧各是制动蹄片。

(4)常见故障及解决办法

制动分泵常见的故障是密封圈老化,其故障现象多为泄漏制动液,故障侧制动力不足。检查方法:

❶ 从制动器后面检查,如果发现有油迹,则拆下制动鼓,更换制动分泵;
❷ 同时检查制动蹄片是否有脱落,如果有脱落或腐蚀则更换制动蹄片。

5.7 手刹

(1) 外观、结构与安装位置(图5-7-1)

(a) 外观图

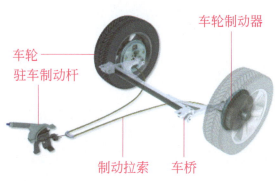

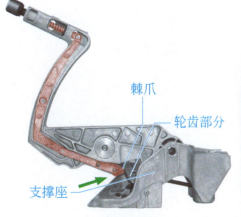

(b) 结构图

(c) 位置图

图 5-7-1 手刹

(2) 工作原理与作用

手刹主要作用于后轮,其主要功用如下。
❶ 车辆停驶后防止滑溜。
❷ 使车辆在坡道上能顺利起步。
❸ 行车制动系统失效后临时使用或配合行车制动器进行紧急制动。

驻车制动时,拉起操纵杆,操纵杆力通过操纵机构使驻车制动拉索收紧,拉索则拉动驻车制动杠杆的下端,使之绕上端支点顺时针转动,制动杠杆转动过程中,其中间支点推动驻车制动推杆左移,使前制动蹄压向制动鼓。前制动蹄压向制动鼓后,制动推杆停止运动,则驻车制动杠杆的中间支点变成其继续移动的新支点,于是驻车制动杠杆的上端右移,使后制动蹄压靠在制动鼓上,产生制动作用。此时,驻车制动操纵杆上的棘爪嵌入齿扇上的棘齿内,起锁止作用。

解除驻车制动时,按下驻车制动操纵杆上的按钮,使棘爪脱离棘齿,使操纵杆回到释放制动位置,松开驻车制动拉索,则制动蹄在复位弹簧的作用下复位。

（3）快速识别方法与技巧

手刹操纵手柄在驾驶室中央扶手箱处；手刹线位于车辆底盘,连接后制动器。

5.8 电子驻车制动装置

（1）外观、结构与安装位置（图5-8-1）

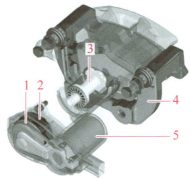

1—皮带传动机构；
2—行星齿轮箱；
3—螺杆螺母；
4—制动钳；
5—电机(直流电)

(a) 外观图　　　　　　　(b) 结构图

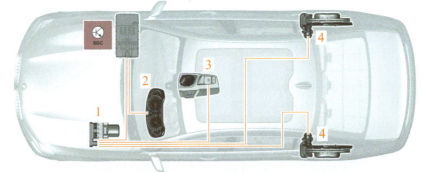

1—带集成式驻车制动功能的DSC控制单元(动态稳定控制系统)；
2—组合仪表KOMBI；3—驻车制动按钮；4—通过组合式制动钳上执行机构执行功能的电动驻车制动器

(c) 位置图

图 5-8-1　电子驻车制动装置

（2）工作原理与作用

通过动态稳定控制系统（DSC）控制单元控制电动驻车制动器。在中控台上有一个用于启用或停用电动驻车制动器的驻车制动按钮,通过组合仪表向驾驶员发出当前系统状态信息。

安装在制动钳上的执行机构使制动摩擦片承受准确计算的预应力。通过 DSC 控制单元内存储的温度模型可推断出制动盘温度。在制动盘冷却过程中压紧力减小，尤其在高温条件下系统必须张紧摩擦片。张紧时刻和频率根据计算的初始温度发生变化。

电动驻车制动器打开时，执行机构仅移回到制动摩擦片达到正确调节间隙。

在电动驻车制动器组合式制动钳壳体上有一个带皮带传动机构和行星齿轮箱的电机。控制电机时通过皮带传动机构和行星齿轮箱将作用力传递到螺杆螺母上。通过螺杆螺母实现接合制动摩擦片所需行程。

（3）快速识别方法与技巧

驻车制动按钮一般安装在驾驶室中央扶手处，驻车电机安装在后制动器上。

5.9 ABS 泵

（1）外观、结构与安装位置（图5-9-1）

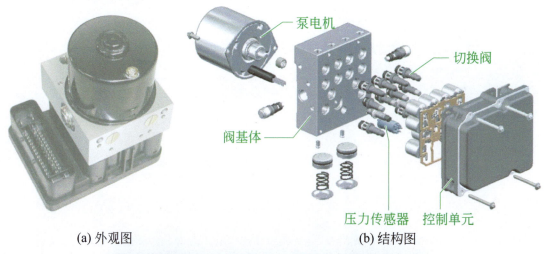

(a) 外观图　　　　　　　　　　(b) 结构图

(c) 位置图

图 5-9-1　ABS 泵

（2）工作原理与作用

ABS 系统（汽车防抱死制动系统）正常工作时，首先由轮速传感器将车轮变化的速度信号及时输送给 ABS 电脑，由电脑对信号进行分析后，给液压调节器发出制动压力控制指令，液压调节器安装在制动系统的制动主缸和制动轮缸之间，在接收到 ABS 电脑控制指令后，通过液压调节器中二位二通电磁阀通路的改变（还有液压泵）直接或间接控制制动压力的增减，从而调节制动器制动力矩，防止制动车轮被抱死。

ABS 系统的制动过程分为常规制动和 ABS 控制调节制动两部分。在通常情况下，只要制动过程中车轮没有被抱死的迹象，ABS 控制系统是不工作的。制动主缸中的制动液可直接通过液压调节器进入制动轮缸产生制动力，此时，进行的是常规制动过程。而车轮快要抱死时，ABS 电脑会认为车轮有抱死趋势，便会发出控制指令，使液压调节器进行制动力的调节，调节过程有制动保压、制动减压和制动增压三个过程。

液压控制单元阀体内包括 8 个电磁阀，每个回路各一对，其中一个是常开进油阀，一个是常闭出油阀。它在制动主缸、制动轮缸和回油路之间建立联系，实现压力升高、压力保持和压力降低的功能，防止车轮抱死。

（3）快速识别方法与技巧

ABS 泵外形为正方形，银色为泵主体，黑色为控制单元。一般车辆安装在左前大梁处，也有车辆安装在发动机舱的左侧位置。

（4）常见故障及解决办法

ABS 泵常见的故障是泵本身故障，其故障现象为仪表 ABS 故障灯点亮，ABS 系统不工作。检查方法如下。

❶ 用诊断仪访问 ABS 控制模块。检查是否输出了 DTC，如果是，则根据输出的 DTC 维修电路。

❷ 检查蓄电池。用万用表测量蓄电池电压，确认电压是否符合标准值，检查蓄电池充电情况或检查充电系统。

❸ 检查 ABS 控制模块线束连接器是否正确连接。

❹ 检查 ABS 控制模块线束端子电压是否符合标准值。

❺ 检查 ABS 控制模块线束连接器接地端子导通性，确认电阻是否符合标准值。

❻ 更换液压电子控制单元总成。连接蓄电池正极。打开点火开关，确认 ABS 警告灯是否点亮后熄灭。

❼ 检查组合仪表。

a. 连接诊断仪。

b. 在功能测试上选择"主动测试"。

c. 检查 ABS 警告灯是否工作正常。

❽ 断开蓄电池负极。更换组合仪表控制单元。确认修理完成。

第6章 转向系统零部件

6.1 转向系统的类型

动力转向系统的作用是利用动力介质来帮助驾驶员克服转向过程中的转向阻力矩。动力转向系的类型如下。

❶ 按动力能源不同,动力转向系统可分为液压助力转向系统和电动助力转向系统两种(图6-1-1)。

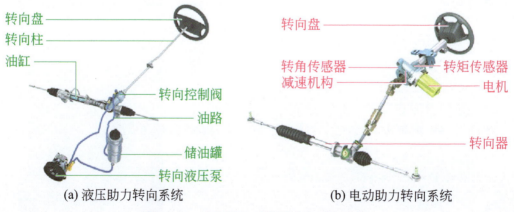

(a) 液压助力转向系统　　　　　　　(b) 电动助力转向系统

图6-1-1　动力转向系统按动力能源分类

❷ 按液流形式不同,动力转向系统可分为常流式和常压式两种。常流式是不转向时,液压系统中的工作油为低压;常压式是不转向时,系统中的工作油是高压,常压式需要装用储能器(图 6-1-2)。

❸ 按液压动力缸、分配阀和转向器三者的关系不同,可分为整体式和分置式两种。三者合为一体的叫整体式。三者相互分开布置的叫分置式。

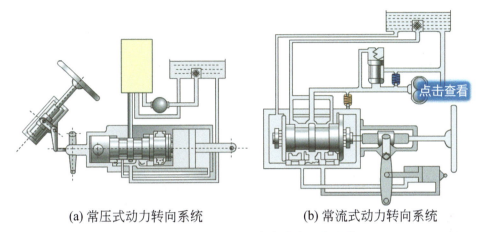

(a) 常压式动力转向系统　　　　(b) 常流式动力转向系统

图 6-1-2　动力转向系统按液流形式分类

6.2　转向柱

(1) 外观、结构与安装位置(图 6-2-1)

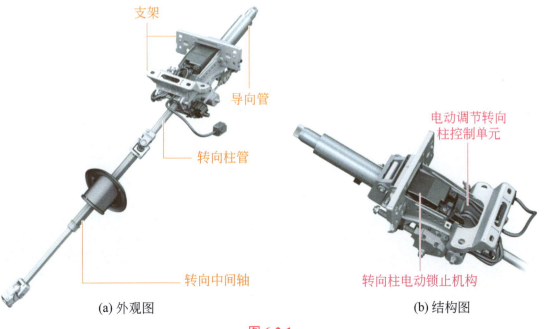

(a) 外观图　　　　(b) 结构图

图 6-2-1

 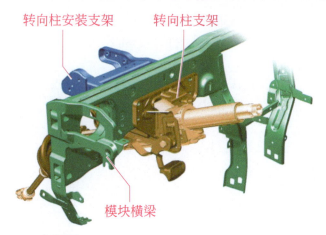

(c) 位置图

图 6-2-1　转向柱

（2）工作原理与作用

汽车转向装置的作用是保证汽车按驾驶员的要求进行转向和正常行驶。

现代汽车的转向柱大多装有碰撞吸能机构，该机构吸收推力，否则在撞击时该推力将会施加到驾驶员身上。

（3）快速识别方法与技巧

转向柱安装在驾驶位置，固定在仪表台骨架上，上方连接方向盘，下方连接方向机。

6.3　转向机

（1）外观、结构与安装位置（图6-3-1）

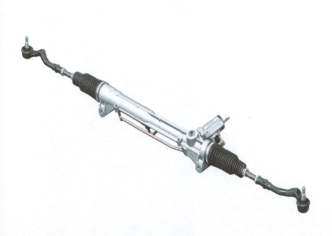 

(a) 外观图　　　　　　　　　　　(b) 位置图

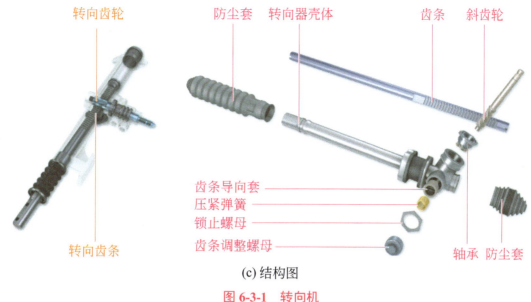

(c)结构图

图 6-3-1　转向机

（2）工作原理与作用

转向机的作用是在保证方向盘转过的角度和轮胎转过角度成比例的前提下（以保证汽车能以驾驶员意志正确转向），减小方向盘操纵力。同时需要有一定的逆效率，以用来反馈路面情况，也就是经常说的打手感。原理是通过螺杆的旋转和齿条的横向运动带动前轮左右运动实现转向。

（3）快速识别方法与技巧

转向机安装在前托架上，左右两侧分别连接转向节。

（4）常见故障及解决办法

❶ 转向机漏油。主要是上盖漏油（与十字节连接的小轴处）、转向机两头防尘套处漏油。

应首先检查高压油管接头是否拧紧、接头密封圈是否老化损坏，以免因高油管接口漏油导致误判。

❷ 转向盘一边重一边轻故障。一般是转向机的内部原因（助力失效）。

在实际中往往发生向一个方向转向轻快，而向另一个方向转向沉重的故障，这一般是由于负责密封一侧高压腔的密封件漏损所致，如转向碟杆密封圈、活塞圆周上油道密圈等。还有一种情况应当注意，即转向沉重，一侧的限位阀封闭不严。封闭不严可能是调整不当，使该限位阀大部分在常开位置，或是阀与阀座封闭不严，更多的情况是限位阀上两个O形密封圈失效所致。

有时会发生向某一方向转向时从头至尾都很轻，而向另外一个方向转向时，开始很轻，每打到某一个位置，方向就突然沉重。这种故障一般来讲是由于该方向的限位阀调整不当，使车轮还没有到极限位置时，限位阀就打开卸荷，此后打方向立刻沉重。遇有此故障只要进行限位阀的重新调整即可。

❸ 方向盘回位困难故障。液压助力转向机一般发生的是机械故障。

一般车辆转向盘都有转向自动回位的功能。液压助力的汽车，由于液压阻尼的作用，自动回位的功能有所减弱，但还应保持一定的自动回位的能力。如果回位时，也要像转向时那样施力，则说明回位功能有故障。这种故障一般都发生在转向机机械部分。

6.4 转向助力泵

（1）外观、结构与安装位置（图6-4-1）

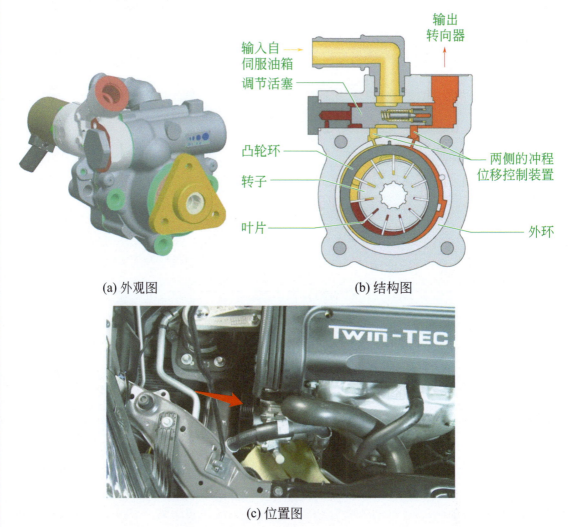

(a) 外观图　　(b) 结构图

(c) 位置图

图6-4-1　转向助力泵

（2）工作原理与作用

转向助力泵作为汽车转向的动力源，是转向系统的"心脏"部位，是完成由旋转运动到直线运动（或近似直线运动）的一组齿轮机构，同时也是转向系中的减速传动装置。泵体内装有流量控制阀和安全阀。当泵工作时滑阀有一定开度，使流量达到规定要求，多余的流量又回到泵的吸油腔内。若油路发生堵塞或意外事故，使系统压力超过泵的最大工作压力时，安全阀打开，滑阀全部开启，所有压力油均回到吸油腔，对系统起安全保护作用。

（3）快速识别方法与技巧

转向助力泵安装在发动机附件支架上，一般安装在空调压缩机的上方。

（4）常见故障及解决办法

转向助力泵常见的故障是助力泵密封圈破损，其故障现象多为助力泵漏油。假如从助力泵后端盖漏油，显然是后端盖密封圈破损，这是相当容易发觉的。

6.5 电动机械式助力转向器

（1）外观、结构与安装位置（图6-5-1）

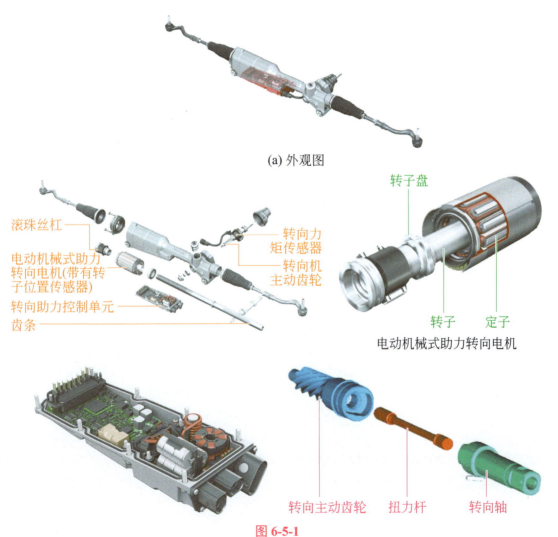

图 6-5-1

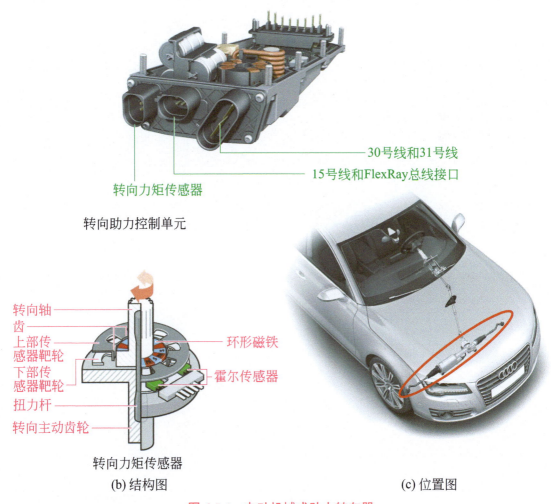

图 6-5-1　电动机械式助力转向器

（2）工作原理与作用

驾驶员在操纵方向盘进行转向时，转矩传感器检测到方向盘的转向以及转矩的大小，将电压信号输送到电子控制单元，电子控制单元根据转矩传感器检测到的转矩电压信号、转动方向和车速信号等，向电动机控制器发出指令，使电机输出相应大小和方向的转向助力转矩，从而产生辅助动力。汽车不转向时，电子控制单元不向电机控制器发出指令，电动机不工作。根据车速不同，提供电动机不同的助力效果，以保证汽车在低速转向行驶时轻便灵活，高速转向行驶时稳定可靠。

❶转向助力控制单元。该控制单元根据转子位置和转向力矩这些信息来确定出相电压的状态模型。由此而设定的相电流就会让电机产生出扭矩。

❷电动机械式助力转向电机。该电机用于产生转向助力所需要的力矩，使用的是一个永久励磁式三相交流同步电机。

使用这种结构的电机，是因为它有几个很根本的优势。

  a. 同步电机体积小、功率大。由于采用永久励磁方式，因此省去了用于将励磁电流送往转子的滑环。控制单元会计算出所需要的相电压，并通过末级功放接通定子线圈。定子由 12 个励磁线圈构成。

  b. 每四个线圈串联接在一起，通上正弦曲线的电流。三股电流彼此间的相位是错开的。由此产生三个磁场，这三个磁场合在一起又产生一个旋转磁场，于是转子才会进行同步转动。

  c. 转子带有 10 个永久磁铁，这些磁铁的北极和南极是交互布置的，转子呈空心轴结构，放在齿条上。

  ❸ 转向力矩传感器。要想计算任何时刻所需要的转向助力力矩的大小，其基础信息就是驾驶所施加的转向力矩大小。转向力矩传感器 G269 就是用来确定这个转向力矩大小的。转向主动齿轮与转向轴是通过一个扭力杆连接的，这与带有转向阀的普通液压转向机构是一样的。

  如果驾驶员转动了方向盘，那么扭力杆和转向轴相对于转向主动齿轮就发生扭转。扭转的程度取决于驾驶员所施加的转动力矩的大小。转向力矩传感器 G269 可以测量出这个扭转程度的大小。

  （3）快速识别方法与技巧

  方向机安装在前托架上，左右两侧分别连接转向节。

  （4）常见故障及解决办法

  ❶ 转向力矩传感器损坏。EPS 根据驾驶员的要求控制提供的转向助力，驾驶员的要求体现在驾驶员施加到方向盘上的力或力矩，转向力矩传感器负责准确提供该信号，为此该传感器安装在下部转向柱和齿轮齿条式转向器之间的焊缝位置处。

  ❷ 带有电机位置传感器的电机故障。电机的主要任务是产生 EPS 控制单元计算的力矩。电机采用无电刷式直流电机。虽然电机用直流电来驱动，但其工作原理以交流同步电机为基础。EPS 控制单元的供电电子装置将供电电压（直流电压）转化为相电压，以便在电机相绕组上产生一个旋转磁场。

  电机位置传感器可向 EPS 控制单元发送有关电机转子准确位置的信息。由于电机通过减速器与齿条固定相连，因此 EPS 控制单元可根据电机转子位置确定车轮位置和转向角。

  ❸ 减速器损坏。减速器将电机产生的转矩传输到齿条和前车轮上，使得总传动比大约为电机转动 20 圈时方向盘转动 1 圈。这种大传动比结合电机的高转矩可产生所需的转向横拉杆作用力。不过因减速器问题导致的转向系统故障很少。

  ❹ EPS 控制单元故障。除电子控制装置外，EPS 控制单元还带有控制电机的供电电子装置，供电电子装置包括 1 个断路继电器，借助该继电器可在出现故障时使电机绕组电路断路。所以如果 EPS 控制单元本身损坏，或者其内部的断路继电器损坏，同样会导致转向系统故障。

6.6 转向角传感器

（1）外观、结构与安装位置（图6-6-1）

(a) 外观图

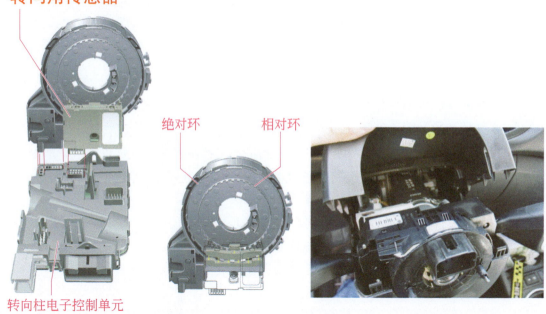

(b) 结构图　　　　　　　　　　　(c) 位置图

图 6-6-1　转向角传感器

（2）工作原理与作用

转向角传感器将转向角信息经数据CAN总线传给转向柱电子控制单元J527。转向柱电子控制单元内有电子装置，用来分析这些信号。

（3）快速识别方法与技巧

转向角传感器在安全气囊的带滑环的回位环后面，转向柱开关和方向盘之间的转向柱上。

（4）常见故障及解决办法

转向角传感器常见的故障是转向角传感器本身故障，其故障现象多为仪表电动机械式助力转向指示灯会亮起。

检查方法：

❶ 使用电脑诊断仪读取故障码，如有故障码与转向角度传感器故障，则对车辆的底盘进行检查，如果正常则对转向角度传感器进行学习；

❷ 如果在转向角传感器学习后仍然不能解决故障，则需要更换转向角传感器。

第7章 车身系统零部件

7.1 车门及电动门窗

（1）外观、结构与安装位置（图7-1-1）

(a) 外观图

(b) 位置图

第7章 车身系统零部件

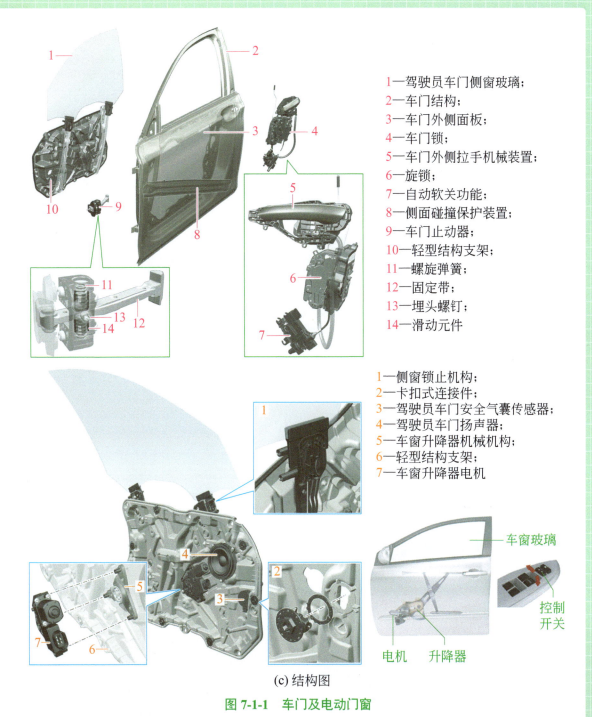

1—驾驶员车门侧窗玻璃；
2—车门结构；
3—车门外侧面板；
4—车门锁；
5—车门外侧拉手机械装置；
6—旋锁；
7—自动软关功能；
8—侧面碰撞保护装置；
9—车门止动器；
10—轻型结构支架；
11—螺旋弹簧；
12—固定带；
13—埋头螺钉；
14—滑动元件

1—侧窗锁止机构；
2—卡扣式连接件；
3—驾驶员车门安全气囊传感器；
4—驾驶员车门扬声器；
5—车窗升降器机械机构；
6—轻型结构支架；
7—车窗升降器电机

(c) 结构图

图 7-1-1 车门及电动门窗

（2）工作原理与作用

控制开关一般有两套，一套为总开关，装在仪表盘或驾驶员侧的车门上，这样，驾驶员就可以控制每个车窗的升降；另一套为分开关，分别安装在每个车窗上，这样，乘客也可以对各个车窗进行升降控制。由于所有车窗的电机都要通过总开关搭铁，因此如果总开关断开，分开关就不能起作用。

升降器是电动车窗的核心部件，它带动车窗玻璃的升降。当接通点火开关后，门窗继电器触点闭合，电动门电路与电源接通，将组合开关或分开关与"上"位接通，电流流进车窗电机，电机旋转带动升降器，使门窗玻璃上升；将组合开关或分开关与"下"位接通，流进车窗电机的电流改变方向，电机的旋转方向因而改变，升降器带动门窗玻璃下降。当门窗玻璃上升或下降到终点时，断路开关切断一段时间，然后再恢复到接通状态。

（3）快速识别方法与技巧

电动门窗所有的零部件都安装在车门上。

（4）常见故障及解决办法

车窗不升降是常见问题，在检测过程中，应遵循故障诊断原则与排除思路，进行所有可能原因的分析。当发现电动车窗不升降时，主要的故障原因可能有：

❶ 电动车窗电路故障；

❷ 电动车窗开关故障；

❸ 电机故障。

7.2 电动座椅

（1）外观、结构与安装位置（图7-2-1）

(a) 外观图

1—头枕高度调节；
2—靠背上部调节；
3—靠背倾斜度调节；
4—靠背宽度调节；
5—座椅纵向调节；
6—座椅高度调节；
7—座椅倾斜度调节；
8—座垫前后调节；
9—腰部支撑；
10—头枕和侧部调节(机械方式)

第7章 车身系统零部件

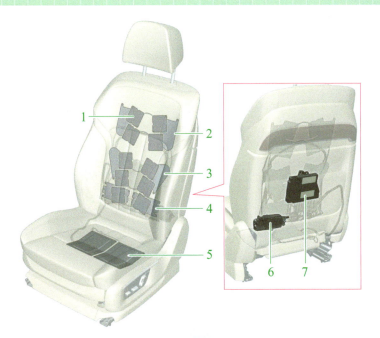

1—内部靠背气垫(按摩)；
2—肩部气垫(按摩)；
3—腰椎气垫(按摩)；
4—腰部支撑气垫；
5—座椅表面气垫(按摩)；
6—座椅气动模块泵；
7—座椅气动模块(控制单元和阀体)

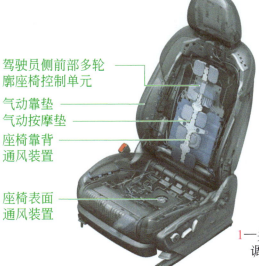

前排座椅

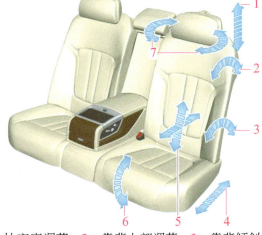

1—头枕高度调节；2—靠背上部调节；3—靠背倾斜度调节；4—座椅纵向调节；5—腰部支撑；6—座椅倾斜度调节；7—头枕和侧部调节(机械方式)

后排座椅

驾驶员座椅调节开关　　　　座椅电机

图 7-2-1

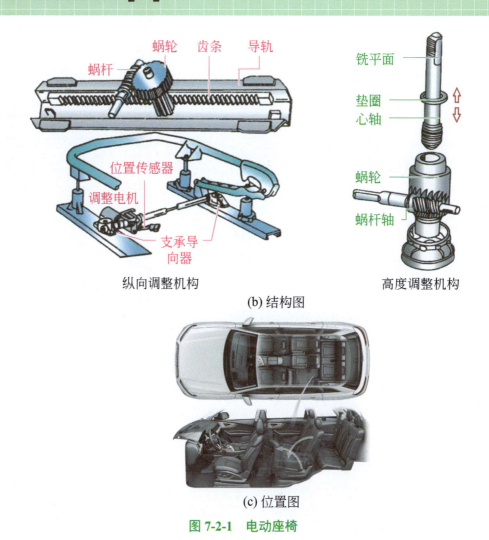

图 7-2-1 电动座椅

（2）工作原理与作用

电动座椅又称自动座椅，是指以电机为动力，通过传动装置和执行机构来调节座椅的各种位置，使驾驶员或乘员乘坐舒适的座椅。

（3）快速识别方法与技巧

电动座椅的操纵机构均安装在座椅内部。

（4）常见故障及解决办法

电动座椅常见故障有：完全不动作或某个方向不能动作。

❶ 电动座椅完全不动作的主要原因有：熔断器断路；线路断路；座椅开关有故障等。可以首先检查熔断器是否断路；若熔断器良好，则应检查线路连接是否正常，最后检查开关。

❷ 电动座椅某个方向不能工作的主要原因：该方向对应的电机损坏，开关、连接导线断路。可以先检查线路是否正常，再检查开关和电机。

7.3 电动后视镜

（1）外观、结构与安装位置（图7-3-1）

图 7-3-1 电动后视镜

（2）工作原理与作用

电动后视镜是汽车重要的安全部件，电动后视镜无法调节，将使驾驶员不能清楚地观察到车辆后方状况，影响行车安全。

（3）快速识别方法与技巧

电动后视镜的背后装有两套电机和驱动器，可操纵后视镜上下及左右转动。通常上下方向的转动用一个电机控制，左右方向的转动用另一个电机控制。通过改变电机的电流方向，即可完成后视镜的上下及左右调整。每个电动后视镜都有一个独立控制开关，开关杆可多方向移动，可使一个电机工作或两个电机同时工作。

（4）常见故障及解决办法

造成电动后视镜无法调节的主要故障原因如下。

❶ 熔断器故障。熔断器控制两侧的电动后视镜，如果熔断器熔断，两侧的后视镜均无法调节。

❷ 后视镜电机电路搭铁不良。后视镜搭铁不良，主要指后视镜的搭铁线连接处有松动或腐蚀。

❸ 后视镜开关损坏。后视镜开关是后视镜系统的控制部件。开关的常见故障有触点

开关故障和机械故障。如触点接触不良，则需要对开关中的电路进行进一步测试。开关机械故障一般为开关插接器断裂等。

❹ 后视镜电机损坏。后视镜之所以可以上下、左右的调节，主要是通过后视镜内的两个调节电机通电之后的运动而实现的，所以调节电机的损坏会直接影响到后视镜是否可以正常调节。一般情况下确定是后视镜电机问题后，通常更换后视镜调节电机总成。

7.4 雨刮机构

（1）外观、结构与安装位置（图7-4-1）

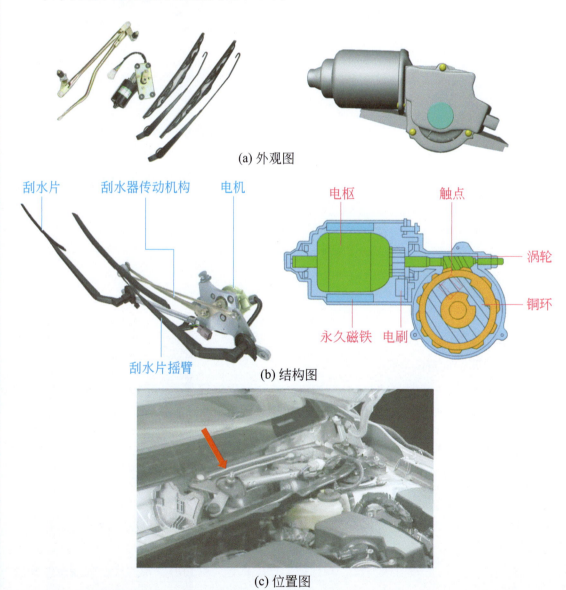

图7-4-1 雨刮机构

（2）工作原理与作用

为了保证雨、雪天时驾驶员有良好的视线，汽车上都装有刮水器。

通过控制刮水器开关，可实现刮水器的停机复位、低速运转、高速运转、间歇运转、间歇控制和喷水器工作。

（3）快速识别方法与技巧

雨刮器安装在车辆前部，在前围板内。

（4）常见故障及解决办法

当发现雨刮器不工作时，主要的故障原因可能有：

❶ 熔断器断路；

❷ 雨刮开关损坏；

❸ 雨刮电机烧毁；

❹ 机械传动部分连接处锈蚀或松脱；

❺ 控制线路有断路或短路。

视频精讲

视频精讲

第8章 电气系统零部件

8.1 蓄电池

（1）外观、结构与安装位置（图8-1-1）

普通蓄电池

免维护蓄电池

(a) 外观图

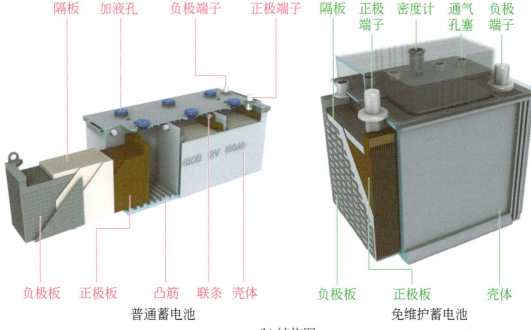

普通蓄电池　　　　　　　　　　　免维护蓄电池

(b) 结构图

(c) 位置图

图 8-1-1　蓄电池

视频精讲

（2）工作原理与作用

蓄电池在发电机不发电时为发动机、点火系统和其他用电设备供电，或在供电需求超过发电机供电能力时协助发电机供电。

蓄电池的充放电过程是由极板上的活性物质与电解液的电化学反应来实现的。正极板上的活性物质为二氧化铅（PbO_2），负极板上的活性物质为海绵状纯铅（Pb）。一片正极板和一片负极板浸入电解液中，可得到2V左右的电动势。

正极板上的二氧化铅在硫酸溶液作用下电离为Pb^{4+}，同时产生2V正电位；负极板上的铅在硫酸溶液作用下电离为 Pb^{2+}，同时产生 -0.1V 负电位，电动势产生。

（3）快速识别方法与技巧

一般车辆的发动机都在车前面，打开车头发动机盖，蓄电池装在发动机舱内，在发动机旁边，或者在副驾驶座位底下的区域。有些车型的蓄电池安装在后备厢内备胎下，奔驰、宝马、奥迪车型的蓄电池一般在后备厢里。

（4）常见故障及解决办法

蓄电池常见的故障是蓄电池本身故障，其故障现象多为辆车辆不能启动。检查方法：

❶ 检查蓄电池正负极是否有氧化，如果有，可以用开水清洁氧化物；

❷ 使用万用表检测蓄电池静态电压，正常值应为 11.5～-12.5V，如果过低则需要充电或更换蓄电池；检查蓄电池的启动电压，正常值应为 9～12V，如果过低则需要充电或更换蓄电池。

目前蓄电池上都有一个观察孔，也叫"电眼"：

❶ 如果"电眼"里的颜色为蓝色，说明蓄电池情况良好；

❷ 假如呈黑色，说明蓄电池容量已经不太足；

❸ 倘若里面已经变成白色，则表示蓄电池快报废了，需要及时更换。

8.2 起动机

（1）外观、结构与安装位置（图8-2-1）

视频精讲

(a) 外观图

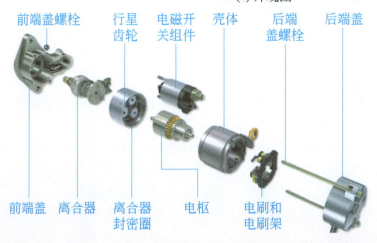

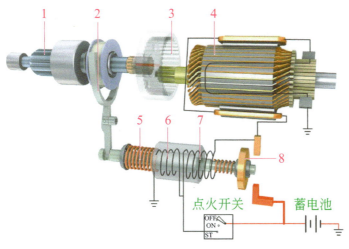

1—驱动齿轮；
2—拨叉；
3—内啮合减速齿轮；
4—电枢；
5—回位弹簧；
6—保持线圈；
7—吸引线圈；
8—接触片

(b) 结构图

(c) 位置图

图 8-2-1　起动机

（2）工作原理与作用

起动机俗称马达，它将蓄电池的电能转化为机械能，驱动发动机飞轮旋转实现发动机的启动。

当点火开关闭合时，蓄电池为起动机供电，接触片接通。直流电机中有电流通过，磁极产生磁场，转子部分在磁场作用下，将电能转变为机械能，即产生电磁转矩。拨叉推动驱动齿轮与发动机的飞轮啮合。

当电磁开关中的电磁吸力相互抵消时，接触片断开，电机电路断开。

（3）快速识别方法与技巧

起动机安装在变速器外壳上，沿着蓄电池的电源线即可找到。

（4）常见故障及解决办法

起动机常见故障如下。

❶ 接通启动开关后，起动机高速旋转而发动机曲轴无反应。这种现象表明故障发生

在起动机的传动机构上，这有可能是传动齿轮或单向离合器磨损造成的。

❷起动机无法正常工作，驱动齿轮不转。引发这种现象的原因很多，例如电源线出现问题、启动开关接触盘烧蚀以及发动机阻力过大等。

❸起动机动力输出不足，无法带动曲轴。励磁线圈短路和蓄电池亏电均可引发起动机动力不足。

❹起动机运转声音刺耳。这有可能是单向离合器卡死或起动机安装不当造成的。

❺起动机开关时有"嗒、嗒"的声音，但是不工作。保持线圈断线或蓄电池严重亏电会导致这种现象。

如出现上述故障，更换损坏的部件后不能解决故障，则需要更换起动机总成。

8.3 发电机

（1）外观、结构与安装位置（图8-3-1）

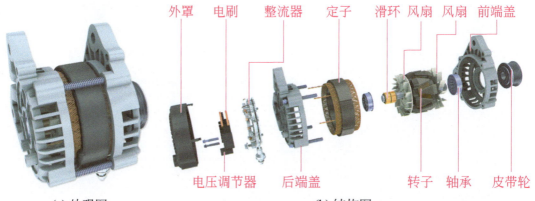

(a) 外观图　　　　　　　　　　(b) 结构图

视频精讲

(c) 位置图

图 8-3-1　发电机

（2）工作原理与作用

汽车上蓄电池的电能有限，在它放电以后必须及时进行补充充电，因此汽车上还必须装备充电系统。充电系统由发电机、调节器和充电状态指示装置组成。

交流发电机产生交流电的基本原理是电磁感应，即利用产生磁场的转子旋转，使穿过定子绕组的磁通量发生变化，在定子绕组内产生感应电动势。

（3）快速识别方法与技巧

发电机通常安装在发动机附件支架上，由附件皮带驱动。

（4）常见故障及解决办法

发电机常见的故障是发电机本身故障，其故障现象多为发电机不发电。

❶ 传动带松紧度检查。

a. 目视检查传动带有无裂纹或超出磨损极限，如不符合要求，应及时更换。

b. 检查传动带的挠度。当用 100N 的力作用于两带轮之间的传动带中央部位时，新传动带的挠度应为 5～10mm，旧传动带（即装到车上随发动机转动超过 5 个月）一般为 7～14mm，具体指标应以车型手册规定为准。若传动带的挠度不符合要求，应及时调整。

c. 检查传动带的张力。传动带挠度和张力都能反映发电机的驱动情况，因此，有的汽车只规定检查其中的一项。检查传动带的张力时需用专用工具，条件允许可做此项检查。

❷ 检查导线连接。

a. 检查各导线端头的连接部位是否正确、可靠。

b. 发电机输出端子 B 必须加弹簧垫圈紧固接线。

c. 采用插接器连接的发电机，其插座与线束插头的连接必须锁紧，不得有松动现象。

❸ 检查有无噪声。若发电机出现故障（特别是机械故障），如轴承破损、轴弯曲等，在发电机运转时，都会发出异常噪声。检查时，逐渐加大发动机节气门开度，使发动机转速逐渐升高，同时监听发电机有无异常噪声，如有异常噪声则应拆下发电机，并分解检修。

❹ 发电机电压测试。如果汽车装有催化式排气净化装置，在做此实验时，发动机的运转时间不得超过 5min。

a. 在发动机停转且不使用车上电气设备的情况下，测量蓄电池电压，这个电压称为参电压或基准电压。

b. 启动发动机，使发动机转速保持在 2000r/min，在不使用车上电气设备的情况下，测量蓄电池电压，这个电压称为空载充电电压。空载充电电压应比参考电压高些，但不超过 2V。若电压低于参考电压，说明发电机不发电，应对发电机、调节器和充电系统线路进行全面检查。

c. 在发动机转速仍为 2000r/min 时，接通电气附件，如暖风机、空调和前照灯远光灯等，当电压稳定时测量蓄电池电压，这个电压称为负载电压。负载电压至少应高出参考电压 0.5V。

d. 若有问题，可在充电电流为 20A 时检查充电线路压降，将电压表正极接发电机"电枢"（B+）接线柱，电压表负极接蓄电池正极桩头，电压表读数不得超过 0.7V；将电压表正极接调节器壳体，另一端接发电机机壳，电压表读数不得超过 0.05V；当电压表一端接发电机机壳，另一端接蓄电池负极时，电压表示数不得超过 0.05V。若示值不符，应清洁、紧固相应的连接线头及安装架。

❺ B 接线柱电流测试。

a. 将发动机熄火，拆掉蓄电池搭铁电缆端子，从硅整流发电机"电枢"（B+）接线柱上拆下原有引线，将 0～40A 电流表串接在拆下的引线接头与"电枢"接线柱之间，并将电压表正极接"电枢"接线柱，负极与发动机机体相接。

b. 切断汽车所有电器开关。

c. 装复蓄电池搭铁电缆接头，启动发动机，使发电机在略高于额定负荷转速下工作，这时电流表读数应小于 10A，电压表示值应在调节器规定的调压值范围内。

d. 接通汽车主要用电设备（如前照灯远光灯、暖风机、空调、雨刮器等），使电流表示数大于 30A，此时电压表示数应大于蓄电池电压。

e. 熄火，先拆去蓄电池搭铁电缆端子，再拆除电压表、电流表，重新装复发电机"电枢"线和蓄电池搭铁端子。

若电压值超过规定电压上限，一般为调压器故障；若电压值远低于电压下限，电流过小，应检查发电机个别二极管或个别电枢绕组是否有故障。

8.4 熔丝和继电器

（1）外观、结构与安装位置（图8-4-1）

视频精讲

(a) 外观图

1—流水槽内左侧电器盒；
2—继电器和熔丝支架，在仪表板左后部；
3—仪表板左侧的熔丝支架；
4—流水槽内右侧主熔丝支架；
5—仪表板右侧的熔丝支架；
6—继电器和熔丝支架，在后备厢内右侧

视频精讲

(b) 位置图

图 8-4-1　熔丝和继电器

（2）工作原理与作用

当电路发生故障或异常时，伴随着电流不断升高，并且升高的电流有可能损坏电路中的某些重要器件或贵重器件，也有可能烧毁电路甚至造成火灾。若电路中正确地安置了熔丝，那么，熔丝就会在电流异常升高到一定的高度和一定的时候，自身熔断切断电流，从而起到保护电路安全运行的作用。

（3）快速识别方法与技巧

熔丝和继电器安装在熔丝盒上。

（4）常见故障及解决办法

汽车在使用过程中，若有电气设备不工作，则可能是熔丝烧毁导致，需及时更换。方法为：关闭点火开关，打开熔丝盒盖；更换熔丝。注意事项如下。

❶ 需按照熔丝盒盖上注明的额定电流值更换熔丝，不要改用比额定电流高的熔丝。

❷ 如果新熔丝又立刻熔断，则说明电路系统可能存在故障，应尽快检修。

❸ 在没有备用熔丝情况下，紧急时，可以更换对驾驶及安全没有影响的其他设备上的熔丝代替。如果不能找到具有相同电流负荷的熔丝，则可采用比原熔丝额定电流低的代替。

8.5 控制单元

视频精讲

（1）外观与安装位置（图8-5-1）

车身域控制器

音响主机

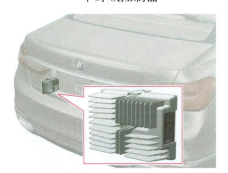

顶级高保真音响放大器

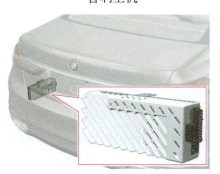

高保真音响放大器

图 8-5-1

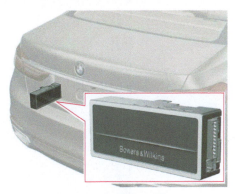
顶级音响放大器

后座区娱乐系统

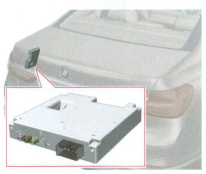
视频模块

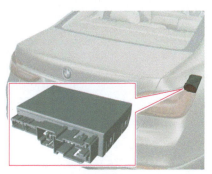
挂车模块

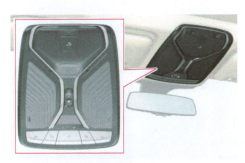
车顶功能中心

后部空调系统

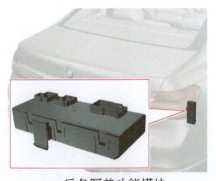
后备厢盖功能模块

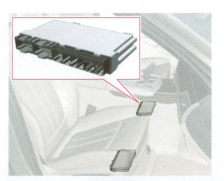
座椅模块

第 8 章 电气系统零部件

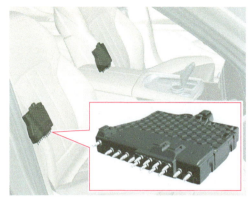
右后座椅气动模块

左侧和右侧前部车灯电子装置

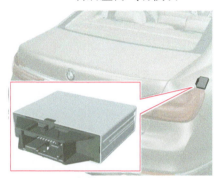
驻车操作辅助系统

车道变更警告系统

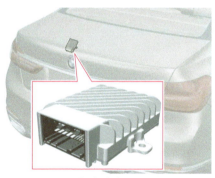
仿真声效设计

防滑差速器控制器

自动恒温空调

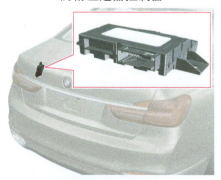
灯光效果管理系统

图 8-5-1

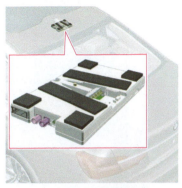
远程通信系统盒

遥控信号接收器

近距离通信系统

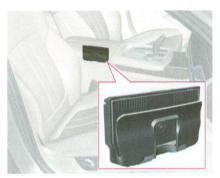
无线充电盒

主动定速巡航控制系统

顶部后方侧视摄像机

基于摄像机的驾驶员辅助系统

数字式发动机电子系统

远光灯辅助系统

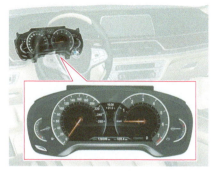
组合仪表

夜视系统电子装置

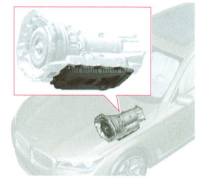
变速箱电子控制系统

选挡开关

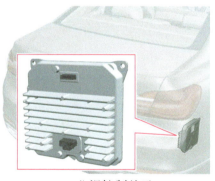
分组控制单元

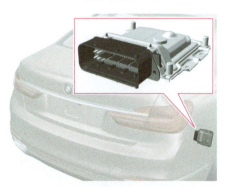
选择性催化剂还原

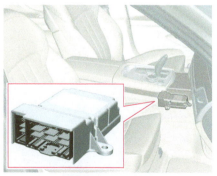
碰撞和安全模块

图 8-5-1

动态稳定控制系统

前部电动主动式侧倾稳定装置

后部电动主动式侧倾稳定装置

电子助力转向系统

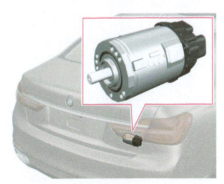
后桥侧偏角控制系统

选装配置系统

分动器

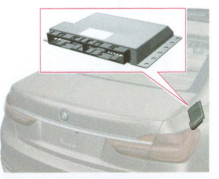
垂直动态管理平台

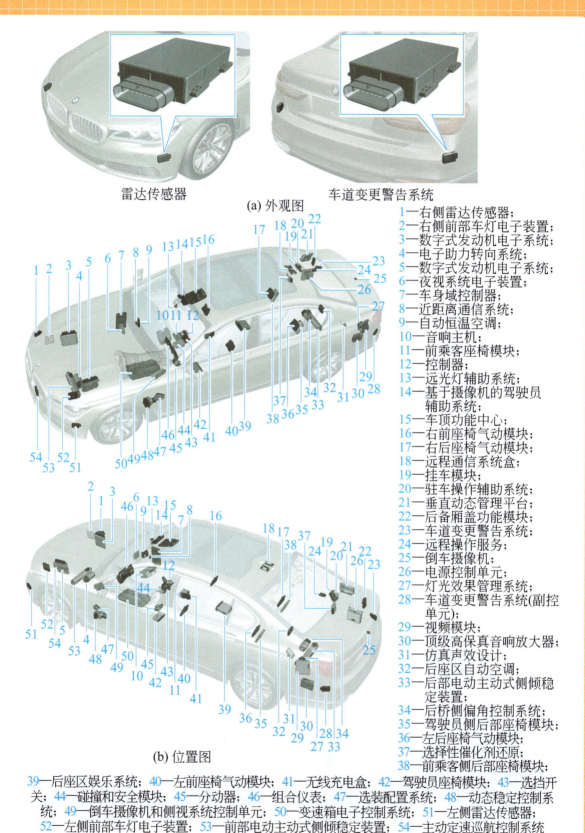

图 8-5-1 控制单元

（2）工作原理与作用

❶ 与监控系统进行实时通信的功能。

❷ 具备系统自诊断功能，如果检测到故障，则启用后备功能。

❸ 接收控制信息，主要指接收操作人员的各种控制指令，如油门指令。

❹ 系统参数的采集处理功能，应用单片机丰富的接口资源采集发动机的工况和状态参数，之后加以转换处理。

❺ 输出驱动功能，根据系统处理后所得的控制信息，进行信号输出放大，驱动油量控制机构和定时控制机构。

❻ 在控制软件的管理下，完成各种控制功能，根据采集的系统参数进行工况判断，实现喷油量控制和喷油定时控制。

8.6 组合仪表

（1）外观、结构与安装位置（图8-6-1和表8-6-1）

(a) 外观图

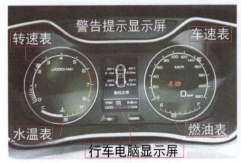

(b) 结构图

(c) 位置图

图 8-6-1 组合仪表

表 8-6-1 组合仪表上的指示灯

左转向（危险）指示灯	⬅	电子稳定控制系统（ESC）关闭指示灯	OFF
右转向（危险）指示灯	➡	陡坡缓降控制系统指示灯	
后雾灯指示灯		巡航指示灯	CRUISE

续表

名称	符号	名称	符号
前雾灯指示灯	🔅	远光指示灯	≡D
驻车制动器指示灯	(P)	危险警示灯	⬅➡
安全气囊故障指示灯	👤	驾驶员安全带未系报警指示灯	🔔
机油压力过低警示灯	🛢	乘员安全带未系报警指示灯	🔔
制动系统故障指示灯	(!)	胎压监测系统故障指示灯	TPMS
发动机系统故障指示灯	SVS	胎压异常指示灯	(!)
TCU系统故障指示灯	⚙	ABS故障指示灯	(ABS)
发动机排放故障指示灯	🔧	EBD故障指示灯	EBD
蓄电池充放电指示灯	-+	电动助力转向系统故障指示灯	EPS
冷却液温度高指示灯	🌡	燃油不足指示灯	⛽

（2）工作原理与作用

❶ 转速表：组合仪表左侧为转速表，行驶时可以利用它来选择正确的换挡时机，以防止发动机负荷过重。不要让转速表指针达到红色区域，否则会导致发动机严重损坏。

❷ 车速表：组合仪表右侧为车速表，远景SUV车速表最大刻度为220km/h，为了行驶的安全性和稳定性、舒适性，在普通路面上行驶时速度不应高于120km/h。

❸ 水温表：水温表显示发动机冷却液的温度，在正常行驶时水温表应显示4格。

❹ 燃油表：燃油表显示汽车燃油箱内的存油量，正常行驶时燃油量应高于规定值。

❺ 行车电脑显示屏：显示故障指示灯及灯光开启提示。

（3）快速识别方法与技巧

组合仪表安装在汽车仪表上，一般是在驾驶位正前方，方向盘的前面。

（4）常见故障及解决办法

组合仪表常见的是组合仪表本身故障，其故障现象多为组合仪表不工作。检查方法：

车辆可以正常工作，而组合仪表无显示，使用电脑诊断仪读取发动机转速、水温、车速等信息，如果正常，则更检查组合仪表的线路、线路没问题则更换组合仪表。

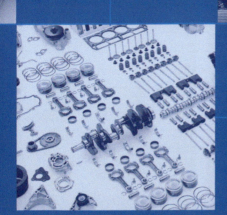

第 9 章 空调系统零部件

9.1 压缩机

视频精讲

（1）外观、结构与安装位置（图9-1-1）

(a) 外观图

(b) 位置图

视频精讲

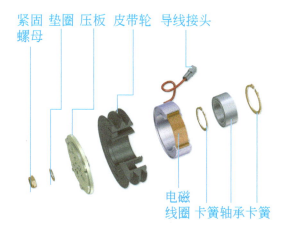

压缩机离合器结构

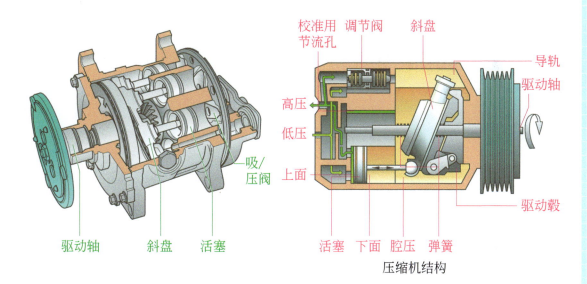

(c) 结构图

图 9-1-1 压缩机

（2）工作原理与作用

汽车空调压缩机是汽车空调制冷系统的心脏，起着压缩和输送制冷剂蒸气的作用。

❶ 压缩机工作原理。

a. 曲柄室与吸气通道相连。电磁控制阀安装在吸气通道（低压）和排放通道（高压）之间。

b. 根据空调放大器的信号，电磁控制阀以占空比控制的方式进行工作。

c. 电磁控制阀闭合的时候（电磁线圈通电）会产生一个压差，曲柄室内的压力降低。然后作用在活塞右侧的压力将高于作用在活塞左侧的压力，这样就会压缩弹簧并倾斜接线板。因此，活塞行程增加且排量增加。

d. 电磁控制阀打开（电磁线圈不通电）时压差消失，然后作用在活塞左侧的压力将变得与作用在活塞右侧的压力相同。因此，弹簧伸长且消除接线板的倾斜，从而活塞有小的行程且排量减少。

❷电磁离合器的工作原理。汽车空调电磁离合器受空调开关、温控器、空调放大器、压力开关等控制，在需要的时候接通或切断发动机与压缩机之间的动力传递。另外，当压缩机过载时，它还能起到一定的保护作用。

电磁线圈固定在压缩机的外壳上，驱动盘与压缩机的主轴相连接，皮带轮通过轴承安装在压缩机头盖上，可以自由转动。当空调开关接通时，电流通过电磁离合器的电磁线圈，电磁线圈产生电磁吸力，使压缩机的驱动盘与皮带轮结合，将发动机的扭矩传递给压缩机主轴，使压缩机主轴旋转。当断开空调开关时，电磁线圈的吸力消失，在弹簧片作用下驱动盘和皮带轮脱离，压缩机停止工作。

（3）快速识别方法与技巧

压缩机安装在发动机附件支架上，多数车辆安装在发动机缸体的位置上，在散热器的后面。

（4）常见故障及解决办法

空调压缩机作为高速旋转的工作部件，出现故障的概率比较高。常见的故障有异响、泄漏以及不工作等。

❶异响。引起压缩机异响的原因很多，例如压缩机电磁离合器损坏，或压缩机内部磨损严重等均可产生异响。

a. 压缩机电磁离合器是出现异响的常见部位。压缩机经常在高负荷下从低速到高速变速运转，所以对电磁离合器的要求很高，而且电磁离合器的安装位置一般离地面较近，经常会接触到雨水和泥土，当电磁离合器内的轴承损坏时就会产生异响。

b. 除了电磁离合器自身的问题外，压缩机传动胶带的松紧度也直接影响着电磁离合器的寿命。传动胶带过松，电磁离合器就容易出现打滑；传动胶带过紧，电磁离合器上的负荷就会增加。传动胶带松紧度不当时，轻则会引起压缩机不工作，重则会引起压缩机的损坏。当传动胶带工作时，如果压缩机带轮以及发电机带轮不在同一个平面内，就会降低传动胶带或压缩机的寿命。

c. 电磁离合器的反复吸合也会造成压缩机出现异响。例如发电机的发电量不足，空调系统压力过高，或者发动机负荷过大，这些都会造成电磁离合器的反复吸合。

d. 电磁离合器与压缩机安装面之间应该有一定的间隙，如果间隙过大，那么冲击也会增大；如果间隙过小，电磁离合器工作时就会与压缩机安装面之间产生运动干涉，这也是产生异响的一个常见原因。

e. 压缩机工作时需要可靠的润滑。当压缩机缺少润滑油或者润滑油使用不当时，压缩机内部就会产生严重异响，甚至造成压缩机的磨损报废。

❷泄漏。制冷剂泄漏是空调系统的最常见问题。压缩机泄漏的部位通常在压缩机与高低压管的结合处，此处通常因为安装位置的原因，检查起来比较麻烦。空调系统内部压力很高，当制冷剂泄漏时，压缩机润滑油会随之损失，这会导致空调系统不工作或压

缩机的润滑不良。空调压缩机上都有泄压保护阀，泄压保护阀通常是一次性使用，在系统压力过高进行泄压后，应该及时更换泄压保护阀。

❸ 不工作。空调压缩机不工作的原因有很多，通常是因为相关电路的问题。可以通过给压缩机电磁离合器直接供电的方式初步检查压缩机是否损坏。

冷凝器

（1）外观、结构与安装位置（图9-2-1）

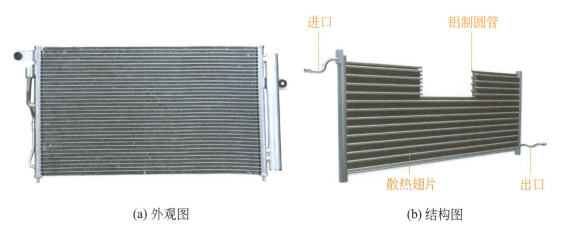

(a) 外观图　　　　　　　　　　　　　　(b) 结构图

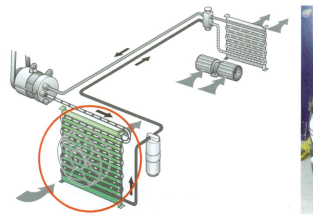

(c) 位置图

图 9-2-1　冷凝器

（2）工作原理与作用

冷凝器的作用是将由压缩机输送过来的高压高温的气体（制冷剂蒸气）冷却成高压高温的液体，就像烧开水一样，水蒸气会在锅盖里侧凝结一层水珠（因为锅盖外表面的温度比水蒸气温度低很多），通过锅盖向空气中散去大量的热。水蒸气变成水的过程就是冷凝过程，也是一个散热的过程，所以冷凝器就是将制冷剂蒸气冷凝成制冷剂液体的一个器件。因为它要不断地散热，其表面温度比较高，所以汽车空调系统的冷凝器后方一般安装有冷却风扇，采用强制送风的方式辅助冷凝器将热量交换到大气中。

（3）快速识别方法与技巧

冷凝器与冷却液散热器的外形相似，冷凝器安装在冷却液散热器的前面，连接的是空调管（铝管）。

（4）常见故障及解决办法

冷凝器的常见故障是外部堵塞、损坏泄漏。

外部堵塞是因为空调冷凝器大多布置在车前部、侧面或车底部，尘土、树叶、飞虫及外来其他异物等很容易聚集在冷凝器散热片之间，从而引起空气流通不畅，导致冷凝器散热不良。另外，地面泥浆溅入，管子和散热片表面的泥尘也会影响冷凝器的散热，泥浆同时易腐蚀冷凝器管子和散热片。因此，冷凝器散热片及盘管必须保持表面清洁，要经常对其表面进行检查和清洗。冷凝器表面一般可用软毛刷和自来水清洗，注意不要弄弯散热片，如果发现散热片倒伏，应加以矫正。

冷凝器泄漏多是因为撞击或自身质量问题而引起的，而且泄漏部位会有明显的油迹。因为冷凝器承受高温高压，所以对漏洞不宜自行采用焊接方法维修，最好送专业维修人员修理，或发现有泄漏就更换新冷凝器。

9.3 干燥瓶

（1）外观、结构与安装位置（图9-3-1）

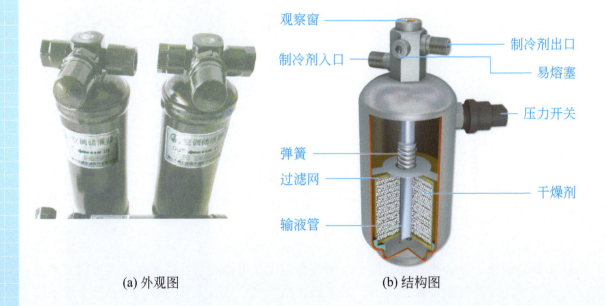

(a) 外观图　　　　　　　　　　　　(b) 结构图

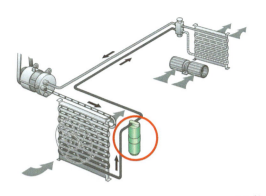

(c) 位置图

图 9-3-1　干燥瓶

（2）工作原理与作用

由于汽车空调正常工作时，制冷剂的供应量大于蒸发器的需要量，所以高压侧液态制冷剂有一定的储存量；同时，随着季节的变化，在系统不运行或检修、更换系统内的零件时，可以将系统中的制冷剂收入到高压侧进行储存，以免制冷剂泄漏。因此在汽车空调制冷系统中，需设置储液干燥器用来临时存储冷凝器液化的制冷剂并进行干燥和过滤处理。储液干燥器用于膨胀阀式制冷循环，其具体作用体现在以下三个方面。

❶ 储存制冷剂。接收从冷凝器来的液体并加以储存，根据蒸发器的需要提供所需制冷剂量。

❷ 过滤杂质。将系统中经常会出现的杂质、脏物，如锈迹、污垢、金属粒等过滤掉，这些杂质会损伤压缩机气缸壁和轴承，还会堵塞过滤网和膨胀阀。

❸ 吸收湿气。汽车空调制冷系统中湿气要求越少越好，因为湿气会造成"冰塞"并腐蚀系统管道等，使之不能正常工作。

（3）快速识别方法与技巧

干燥瓶安装在低压管路上，在空调蒸发器和压缩机吸气管部位，外形多为长圆形。

（4）常见故障及解决办法

干燥瓶常见的故障是堵塞，其故障现象多为制冷效果差、空调不制冷。

空调系统管路内的杂质或者水分结冰把管路堵死；管路堵死之后，要么制冷效果急剧变差，要么就无法正常制冷。

检查方法：查看干燥瓶顶部的视叶窗，看是否有水雾，如果损坏，空调吹出的风则不是很凉爽。

❶ 干燥瓶堵了，瓶的上部与下部温度不一样，手摸储液器两头接管温度，若温差较大则必须更换。

❷ 若系统中产生脏堵、冰堵，必须更换。

❸ 空调因故障停用或已将系统拆开时间较长，必须更换。

❹ 储液器本体有泄漏故障，必须更换。

❺ 储液器压力控制开关失灵，必须更换（压力开关也可单独更换）。

9.4 膨胀阀

（1）外观、结构与安装位置（图9-4-1）

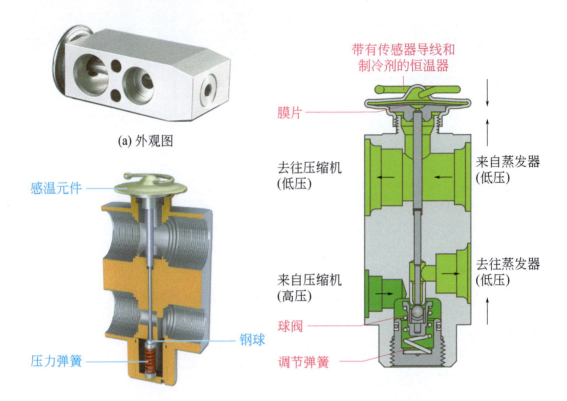

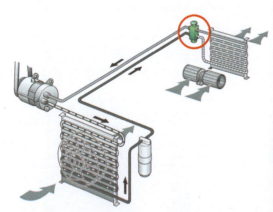

图 9-4-1　膨胀阀

（2）工作原理与作用

制冷剂通过膨胀阀后卸掉压力并进入蒸发器，从而使蒸发器冷却下来，因此膨胀阀就是制冷剂循环管路中高压侧和低压侧的分离点。

膨胀阀可根据蒸发器出口处制冷剂蒸气的温度，来调节去往蒸发器的制冷剂量。

H 形热力膨胀阀有四个接口与制冷系统连接，其中两个接口与普通热力膨胀阀相同，一个连接储液干燥器，一个连接蒸发器进口；另外两个接口，一个连接蒸发器出口，一个连接压缩机进口。感温包直接处在蒸发器出口的制冷剂气流中。该膨胀阀由于取消了 F 形热力膨胀阀中的感温包、毛细管和外平衡接管，因此提高了调节灵敏度，结构紧凑，抗震可靠。

（3）快速识别方法与技巧

汽车空调膨胀阀与蒸发器相连，安装于蒸发器的一端，位于蒸发器进口，膨胀阀的一侧连接着空调压缩机的进、排气管，一侧连接着蒸发器的进、排气管。

（4）常见故障及解决办法

膨胀阀出现阻塞或节流作用失效的故障，会造成空调制冷系统不制冷或制冷不足。常见的故障有：

❶ 膨胀阀堵塞，可能是由于干燥剂失效脱落、系统有污物所造成的；
❷ 膨胀阀温度敏感元件或膜片失效，毛细管安装位置松动移位。

检查方法如下。

❶ 将压力表连接到制冷系统中。
❷ 启动发动机，并使其在 1000～2000r/min 转速下稳定运转。
❸ 在冷凝器前放一个大风扇，以模拟汽车行驶时的气流。
❹ 打开空调制冷开关，并将控制开关调节到最大制冷位置，使系统工作 10～15min。
❺ 观察压力表的示值，低压表压力应为 130～180kPa。如果低压表指示压力过低，则进行下一步检测；如果低压表指示压力过高，则进行第 ❽ 步检测。
❻ 在膨胀阀体上包裹一层暖布（约 52℃），看低压表示值是否升高。如果压力升高，说明系统内有湿气，应进行除湿操作；如果压力不升高，则进行下一步检测。
❼ 将安装在蒸发器上的感温毛细管拆下并包在暖布中（约 52℃），看低压表示值是否升高。如果压力升高，说明感温毛细管安装不当，应重新安装，并重新对系统进行检测；如果压力不升高，则说明膨胀阀已失效或堵塞，需拆检或更换膨胀阀。
❽ 若第 ❺ 步检测中低压表指示压力过高，则从蒸发器中拆下感温毛细管并置于冰水中（接近 0℃），看压力是否降低。

如果压力降低到正常或接近于正常值，则可能是感温毛细管绝热不好或安装位置不当，应重新包扎安装，并重新对系统进行检测。

如果压力不降低，则说明膨胀阀已失效，需更换膨胀阀。

9.5 压力开关

（1）外观、结构与安装位置（图9-5-1）

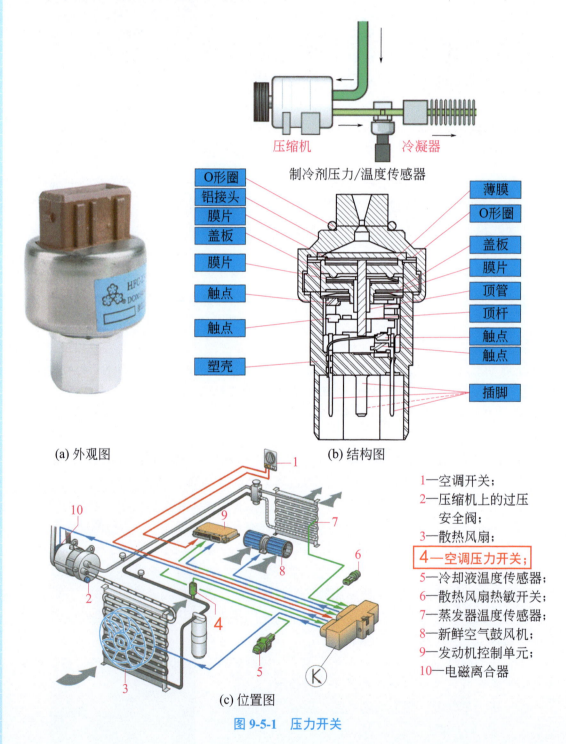

图 9-5-1 压力开关

(2)工作原理与作用

机械式压力开关安装在汽车空调制冷剂循环管路中,并检测制冷循环系统的压力,当遇到压力异常时会启动相应的保护电路,防止造成系统的损坏。

压力开关起保护作用,防止压力过大损坏机件。温控开关起恒温作用,达到设定温度就自动停止制冷。

压力开关在下述条件下工作: 当压力达到 2.4～3.2MPa 时,该开关通过空调控制单元来关闭电磁离合器。例如:冷凝器脏污就可能使得压力达到这种状态。

当压力过低时(0.2MPa),该开关通过空调控制单元来关闭电磁离。例如:制冷剂泄漏可能导致压力过低。

当压力达到 1.6MPa 时,将风扇切换到更高一挡来工作,以便达到更好的冷凝效果。

(3)快速识别方法与技巧

压力开关可以安装在管路上,也可以安装在储液罐上。

(4)常见故障及解决办法

压力开关常见的故障是压力开关本身故障,其故障现象多为压缩机不工作。

检查方法:用万用表欧姆挡测量压力开关的 4M1 与 4M2 端子之间的电阻,电阻应为 0。如果电阻不为 0,则说明压力开关的常闭触点接触不良,需更换压力开关;如果电阻为 0,则进行压力开关的性能检测。

压力开关的性能检查:压力开关在规定的压力下工作,如果检测结果不正常,则更换压力开关。

9.6 蒸发器

(1)外观、结构与安装位置(图 9-6-1)

 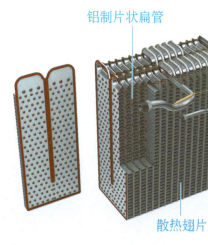

(a)外观图　　　　　　　　　　　(b)结构图

图 9-6-1

(c) 位置图

图 9-6-1 蒸发器

(2) 工作原理与作用

蒸发器是一个热交换器，膨胀阀喷出的雾状制冷剂在蒸发器中蒸发，鼓风机的风扇将空气吹过蒸发器，制冷剂吸收空气中的热量，达到降温制冷的目的。在降温的同时，空气中的水分也会由于温度降低而凝结在蒸发器散热片上，蒸发器还要将凝结的水分排出车外。

(3) 快速识别方法与技巧

蒸发器安装在驾驶室仪表台的后面。

(4) 常见故障及解决办法

由于蒸发器位于驾驶室仪表台的后面，所以一般通过空调工作情况判断蒸发器是否存在故障。如果蒸发器出现故障，可能会导致空调运行时带有发霉味道、制冷能力下降或完全不制冷。蒸发器损坏可能由以下原因引起：蒸发器被污染、制冷剂中含有杂质或水分导致蒸发器堵塞以及蒸发器管路泄漏等。

9.7 空调滤清器

(1) 外观、结构与安装位置（图9-7-1）

(a) 外观图

视频精讲

(b) 结构图

背风面的滤纸纤维稀疏主要起到固定活性炭夹层的作用

空调滤气流流动方向标志

迎风面的滤纸纤维细密能有效过滤灰尘

(c) 位置图

图 9-7-1　空调滤清器

（2）工作原理与作用

通过过滤，可使从外界进入车厢内部的空气洁净度提高，一般的过滤物质是指空气中所包含的杂质，如微小颗粒物、花粉、细菌、工业废气和灰尘等，空调滤清器的作用是防止这类物质进入并破坏空调系统，给车内乘用人员提供良好的空气环境，保护车内人员的身体健康，还有就是防止玻璃雾化。

（3）快速识别方法与技巧

空调滤清器安装在副驾驶座位的手套箱后面，也可安装在挡风玻璃右下侧。形状一般是正方形或长方形。

（4）常见故障及解决办法

如果发现空调系统有异常，应综合考虑的因素如下。

❶ 空调的挡位已经开到足够大,但是制冷或制热的出风量却很小,可能的原因是使用的空调滤清器通风效果差,或是空调滤清器使用时间过长,未及时更换。

❷ 空调工作时吹出的风有异味,原因可能是空调系统已过久未使用,内部系统和空调滤清器因受潮而发霉。建议清洗空调系统,更换空调滤清器。

❸ 即使刚更换了空调滤清器,开内循环也无法去除来自外界和内部的空气异味,原因可能为使用的是普通型空调滤清器,建议使用活性炭系列的空调滤清器。

9.8 调节电机

(1) 外观、结构与安装位置(图9-8-1)

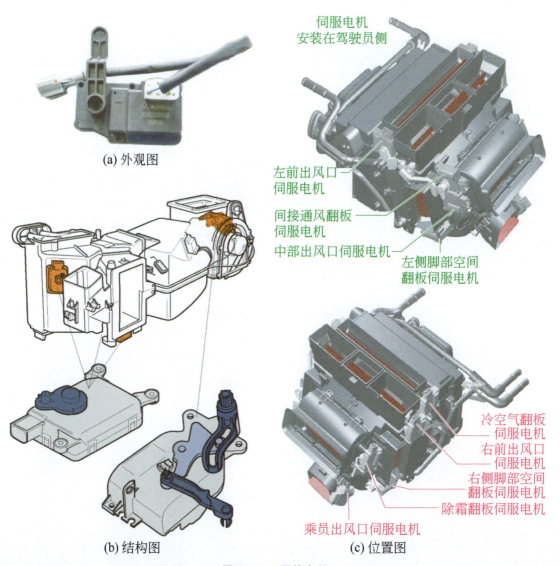

图 9-8-1 调节电机

（2）工作原理与作用

根据用户的需求调整风门的位置。

（3）快速识别方法与技巧

调节电机安装在蒸发箱外壳上，例如右前出风口风门旁边连接的就是该电机。

（4）常见故障及解决办法

调节电机常见的是调节电机本身故障，其故障现象为风门不能调节。

检查方法：

❶ 控制该电机工作，然后观察电机是否有工作的迹象，如果工作则说明是调节电机控制臂故障，更换调节电机即可；

❷ 如果调节电机不工作，则检查相关的电路。

9.9 鼓风机

视频精讲

（1）外观、结构与安装位置（图9-9-1）

视频精讲

(a) 外观图

(b) 结构图

图 9-9-1

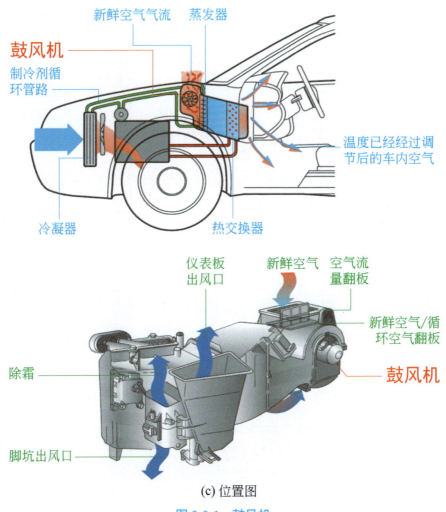

(c) 位置图

图 9-9-1 鼓风机

(2) 工作原理与作用

鼓风机的作用是把空调蒸发箱上面的冷气或者暖水箱的热气吹到车内，鼓风机的作用简单来说就是送风。

鼓风机是通过在鼓风机电路中串入不同电阻值的电阻并通过开关控制实现转速挡的。汽车空调由压缩机、冷凝器、节流元件、蒸发器、鼓风机及必要的控制部件构成，用于调节车内温度、湿度，给乘员提供舒适的环境。

(3) 快速识别方法与技巧

鼓风机安装在蒸发箱壳体内，装有一个圆形的风叶。

(4) 常见故障及解决办法

鼓风机能提供外部的空气（在内循环模式时是内部空气）给蒸发器。蒸发器冷却并干燥这些空气，然后吹到车厢内部。鼓风机不正常工作的表现有：噪声、出风口风速偏小、无风吹出或空调不工作。出现以上故障的原因主要有：鼓风机元件本身物理损坏、电路故障、通风管路故障或受污染等。

9.10 暖风水箱

（1）外观、结构与安装位置（图9-10-1）

(a) 外观图

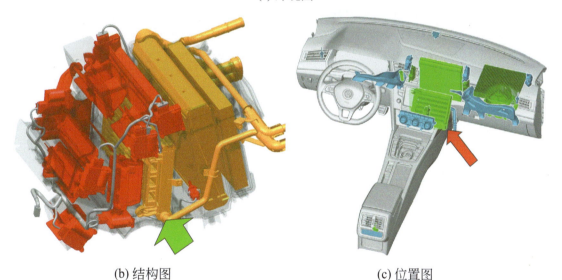

(b) 结构图　　　　　　　　(c) 位置图

图 9-10-1　暖风水箱

（2）工作原理与作用

暖风水箱的作用：冬天车厢内的温度能提供给人体需要的温度。汽车的暖风是来自发动机冷却液的温度，通过热交换器来实现，是冬天取暖除霜用的。

暖风是靠暖风水箱建立的，而暖风水箱的热量来自发动机的冷却液。

（3）快速识别方法与技巧

暖风水箱就是小一号的散热水箱，安装在蒸发箱里。

（4）常见故障及解决办法

暖风水箱常见的故障是泄漏，其故障现象多为车内有水迹、冷却液液位下降。检查方法：

❶ 检查冷却水管是否有泄漏，如有泄漏则更换；
❷ 检查暖风水箱接头和散热片是否有泄漏，如有泄漏则更换。

9.11 节流阀

（1）外观、结构与安装位置（图9-11-1）

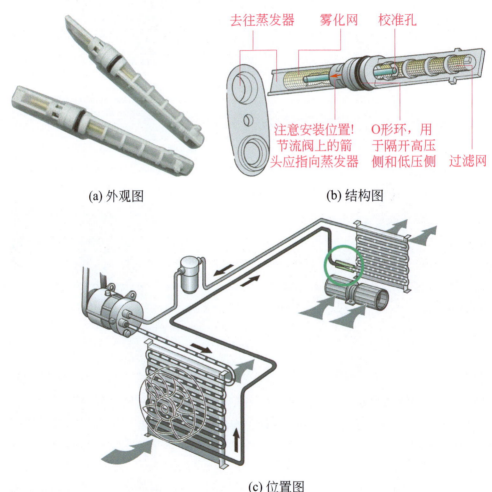

(a) 外观图　　　(b) 结构图

(c) 位置图

图 9-11-1　节流阀

（2）工作原理与作用

通过校准孔可确定制冷剂的流量，这样就可以保证只流过与压力相应的制冷剂流量。

在压缩机工作时，保持制冷剂环路高压侧的压力（也就是保持制冷剂处在液态）。节流阀内会有一个压力降。因制冷剂部分气化，所以在其进入蒸发器之前就已经有一个冷却过程了。

节流阀用来使制冷剂雾化:在节流阀狭窄处的前方有一个过滤网用于过滤污物。在狭窄处的后方有一个用于雾化的滤网,它可以使得制冷剂在进入蒸发器前雾化。

(3)快速识别方法与技巧

节流阀是制冷剂循环管路上的一个狭窄点,就在蒸发器的前方。这个狭窄点会"降低"制冷剂的流量。

(4)常见故障及解决办法

节流阀常见的故障是堵塞,其故障现象多为空调不制冷或空调制冷断断续续。检查方法:拆下节流阀,检查是否脏污、堵塞,如果脏污可以清洁后继续使用;如果堵塞则更换节流阀。

9.12 传感器

(1)高压传感器(图9-12-1和图9-12-2)

高压传感器可取代空调压力开关或制冷剂压力和温度传感器。

通电后,高压传感器产生一个方波信号,这个信号会随着系统的压力变化而变化。下游的控制单元(制冷剂风扇控制单元、发动机控制单元、全自动空调的控制单元等)根据这个信号计算制冷剂循环回路中的压力。

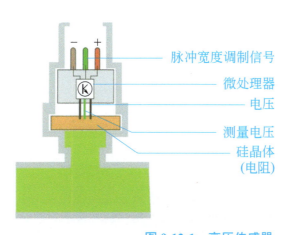
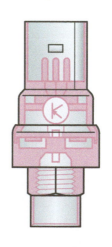

图9-12-1 高压传感器

(2)制冷剂温度传感器(图9-12-2)

制冷剂温度传感器是一个热敏电阻,安装在压缩机和冷凝器之间。

制冷剂温度传感器接口没有阀门,只能在制冷剂循环回路排空时拆卸。

全自动空调控制单元对传感器的信号进行分析。

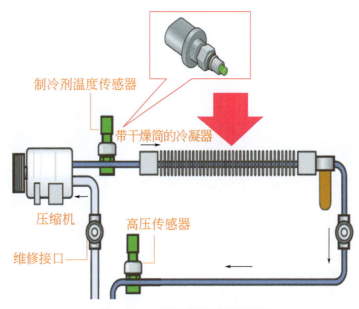

图 9-12-2 制冷剂温度传感器

(3) 制冷剂压力/温度传感器（图9-12-3）

制冷剂压力/温度传感器位于发动机舱内压缩机与冷凝器之间的高压管路上，它将制冷剂温度与制冷剂压力信号发送到自动空调系统控制单元。

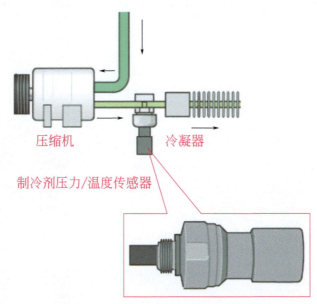

图 9-12-3 制冷剂压力/温度传感器

(4) 车外温度传感器（图9-12-4）

车外温度传感器位于车身前部，它用于判断实际的外部温度。控制单元按照这个温度信号来操纵温度翻板和新鲜空气鼓风机工作。

车外温度传感器具有自诊断功能：如果温度信号失效，会使用另一个温度传感器（新鲜空气进气道温度传感器）的测量值来取代；如果后者也失效了，那么系统用10℃这个替代值继续工作，但这时循环空气模式则不能使用。

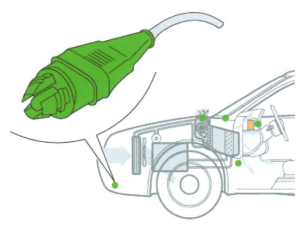

图9-12-4　车外温度传感器

（5）新鲜空气进气道温度传感器（图9-12-5）

新鲜空气温度传感器安装在新鲜空气进气道中。该传感器实际就是外部实际温度的第二个测量点。控制单元按照这个温度信号来操纵温度翻板和新鲜空气鼓风机工作。

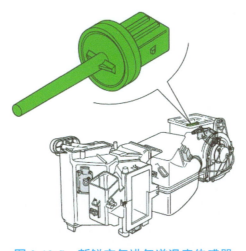

图9-12-5　新鲜空气进气道温度传感器

（6）日照光电传感器（图9-12-6）

日照光电传感器安装在仪表板除霜通风口之间的一个黑色塑料滤光器下面，阳光透过滤光器照射下来。该传感器用于检测日照的强度与方向。

日照光电传感器由2个光电传感器组成，可探测车厢内的光照情况，向全自动空调控制单元发送电压值信号,以便对驾驶员区和副驾驶员区进行分区温度调节。

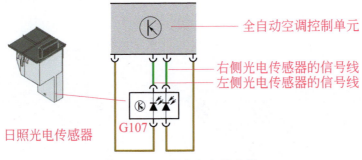

图 9-12-6　日照光电传感器

(7)蒸发器温度传感器(图9-12-7)

蒸发器温度传感器插在蒸发器后面的空调系统中,并检测蒸发器下游的空气温度。使用此信号,自动空调系统控制单元可以按照乘客的要求精确地调节压缩机的输出。空调压缩机在-1～0℃时关闭,在约3℃时接通,这样可防止冷凝水结冰。

(8)空气湿度传感器(图9-12-8)

各种测试方法表明,尤其是在外界温度很低的情况下,挡风玻璃上部的1/3会变得非常冷因而容易起雾。为了能测量到该区域,空气湿度传感器安装在后视镜的根部。

车内空气中的水蒸气在挡风玻璃上结雾之前,空调压缩机功率和风扇转速会自动提高,除霜翻板会进一步打开。之后,干燥空气流经蒸发器和热交换器,从除霜出风口吹出,吹向挡风玻璃和侧窗玻璃。

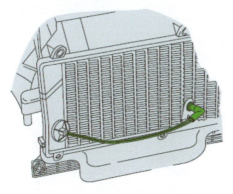

图 9-12-7　蒸发器温度传感器

图 9-12-8　空气湿度传感器

视频精讲

视频精讲

第 10 章　照明、信号系统零部件

10.1　外部照明

10.1.1　前照灯

（1）外观、结构与安装位置（图10-1-1）

前照灯总成

激光单元

(a) 外观图

图 10-1-1

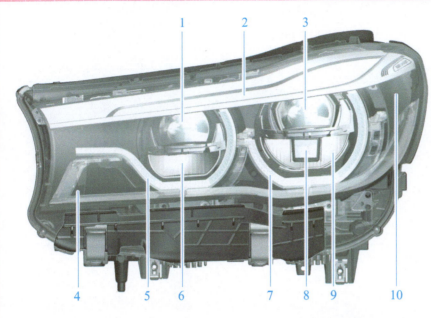

1,3—近光灯；
2—转向信号灯；
4—转弯照明灯；
5,7—停车示警灯，日间行驶照明灯和近光灯；
6,9—远光灯；
8—激光车灯；
10—侧面示廓灯

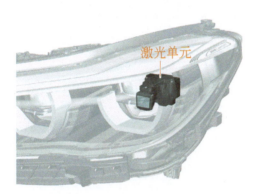

激光单元(已拆下反射器和透镜)

激光单元内的激光二极管

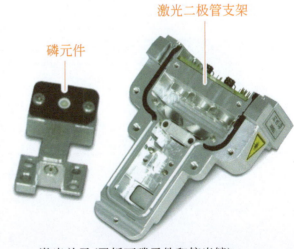

激光单元(已拆下磷元件和偏光镜)

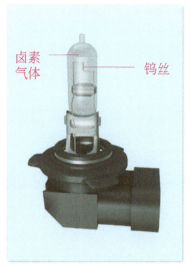
卤素灯

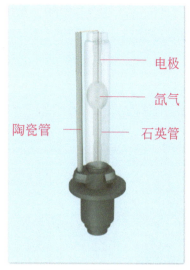
氙气灯

(b) 结构图

(c) 位置图

图 10-1-1　前照灯

（2）工作原理与作用

前照灯的照明效果直接影响夜间行车驾驶的操作和交通安全，因此世界各国交通管理部门一般都以法律形式规定了汽车前照灯的照明标准，以确保夜间行车的安全。

（3）快速识别方法与技巧

前照灯装于汽车头部两侧，用于夜间行车道路的照明。

（4）常见故障及解决办法

前照灯常见的故障是灯泡不亮，其故障现象为一侧或两侧灯泡不亮；检查方法：

❶ 检查灯泡灯丝是否有烧断，如果有问题则更换新的灯泡；
❷ 如果灯泡没问题，则检查该灯的电源、搭铁线是否有故障，若线路存在故障则对线路修复。

10.1.2 尾灯

（1）外观、结构与安装位置（图10-1-2）

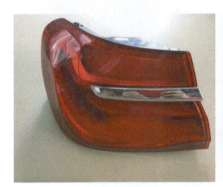
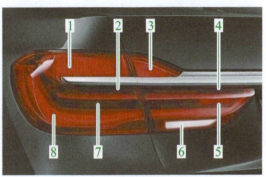

(a) 外观图　　　　　　　　　　　(b) 结构图
1—转向信号灯；2,8—尾灯；3—转向信号灯；
4,5—后雾灯；6—倒车灯；7—制动信号灯

(c) 位置图

图 10-1-2　尾灯

（2）工作原理与作用

尾灯在夜间行车时提示后车前面有车存在，并显示出两车间的位置关系，所以装在车后的两侧。

❶ 后位置灯：从车辆后方观察，用于表明车辆存在和宽度的灯。
❷ 后转向灯：用于向后方其他道路使用者表明车辆将向右或向左转向的灯。
❸ 制动灯：向车辆后方其他使用道路者表明车辆正在制动的灯。
❹ 后雾灯：在大雾情况下，从车辆后方观察，使得车辆更为易见的灯。
❺ 倒车灯：照明车辆后方道路和警告其他使用道路者，车辆正在或即将倒车的灯。

❻后回复反射器：通过外来光源照射后的反射光，向位于光源附近的观察者表明车辆存在的装置。

（3）快速识别方法与技巧

尾灯总成安装在车辆后方的两侧。

（4）常见故障及解决办法

尾灯常见的故障是灯泡不亮，其故障现象为一侧或两侧灯光不亮。

检查方法：

❶检查灯泡灯丝是否烧断，如果有问题则更换新的灯泡；

❷如果灯泡没问题，则检查该灯的电源、搭铁线是否有故障，若线路存在故障则对线路进行修复。

10.2 内部照明

10.2.1 全景天窗照明装置

全景天窗照明装置如图 10-2-1 所示。

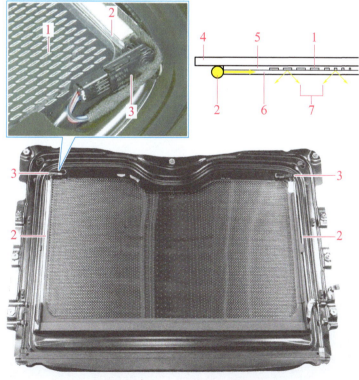

图 10-2-1　全景天窗照明装置

1—压印图形；2—光导纤维；3—LED；4—外部染色玻璃；5—膜；
6—内部玻璃（白色玻璃）；7—车内可见光

10.2.2 光刃式 B 柱氛围灯

光刃式 B 柱氛围灯如图 10-2-2 所示。

图 10-2-2 光刃式 B 柱氛围灯

10.3 喇叭

（1）外观、结构与安装位置（图10-3-1）

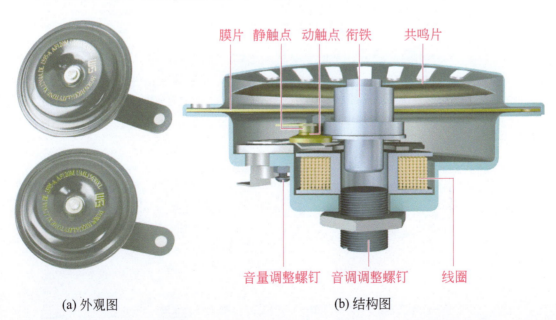

(a) 外观图　　　　　　　　(b) 结构图

(c) 位置图

图 10-3-1　喇叭

（2）工作原理与作用

汽车喇叭是汽车行驶中的声响警示装置。在汽车的行驶过程中，驾驶员根据需要和规定发出必需的音响信号，警告行人和引起其他车辆注意，以保证交通安全，同时还用于催行和传递信号。

（3）快速识别方法与技巧

汽车喇叭一般是安装在车辆的前部。

（4）常见故障及解决办法

在很多关于喇叭的故障中，出现问题时往往是喇叭本身的故障。特别是某些汽车设计的喇叭安装位置存在缺陷，在下雨时很容易使喇叭被雨水淋湿，造成喇叭损坏。常见的喇叭故障如下。

❶ 有时不响。按喇叭开关，如果喇叭有时响，有时不响，多是喇叭内部的触点接触不好，有些也是喇叭本身的问题。

❷ 声音沙哑。多是由于插头接触不良，特别是方向盘周围的各个触点，由于使用频繁，容易使触点出现磨损。

❸ 完全不响。首先检查熔丝看是否熔断，然后拔下喇叭插头，用万用表测量在按喇叭开关时此处是否有电。如果没电，应检查喇叭线束和喇叭继电器；如果有电，则是喇叭本身的问题，此时也可以试着调节喇叭上的调节螺母看是否能发声，如果还是不响，则需要更换喇叭。

喇叭不响是电气中的常见问题，遇到此类问题时，首先确认汽车电源系统工作正常，然后进一步检测喇叭电路。

查看喇叭的电路原理，如果喇叭不发声，故障部位可能在电路中的熔丝、喇叭继电器、喇叭按钮处，其中任何一处出现故障，均可能导致喇叭电路断路，引起喇叭不响。

另外，两侧喇叭不响，还有可能是因为连接线路松动，或两侧喇叭同时损坏，这种情况发生的概率较低，但也要考虑在内。

归纳起来，喇叭不响的故障原因主要有：喇叭按钮故障；熔丝故障；喇叭继电器故障；螺旋电缆故障；连接线路故障；喇叭本身故障。

第11章 安全气囊系统零部件

11.1 主驾驶气囊

（1）外观、结构与安装位置（图11-1-1）

(a) 外观图

(b) 位置图

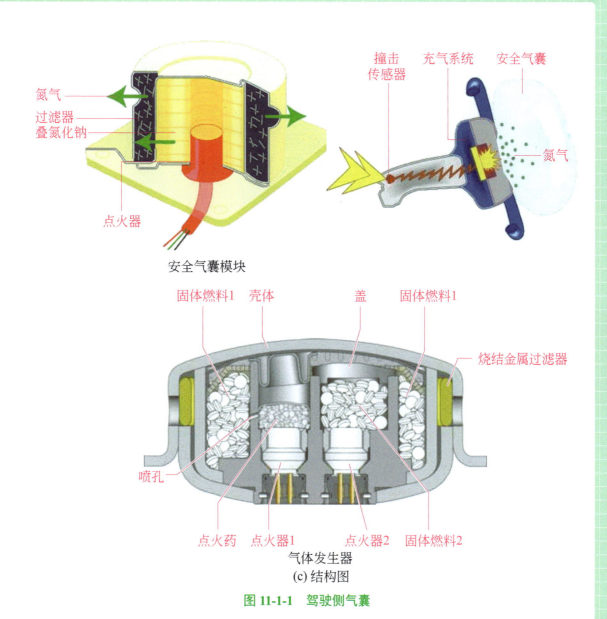

图 11-1-1 驾驶侧气囊

（2）工作原理与作用

在意外发生的瞬间可以有效保护驾驶员的头部和胸部，因为正面发生的猛烈碰撞会导致车辆前方大幅度变形，而车内乘员会随着这股猛烈的惯性向前俯冲，造成与车内构件的相互撞击，另外车内驾驶位置的安全气囊可以有效防止在发生碰撞时方向盘顶到驾驶者的胸部，避免致命的伤害。

（3）快速识别方法与技巧

驾驶侧安全气囊装在方向盘的中间位置，在装有安全气囊系统的容器外部都印有（Supplemental Inflatable Restraint System，SRS）字样。

11.2 前乘客安全气囊

（1）外观、结构与安装位置（图11-2-1）

(a) 外观图

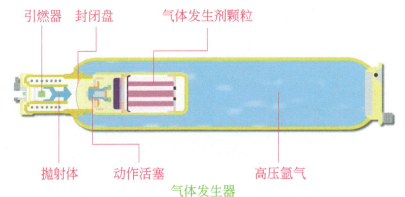

(b) 结构图

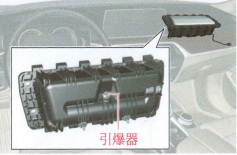

(c) 位置图

图11-2-1　前乘客安全气囊

（2）工作原理与作用

在意外发生的瞬间可以有效保护副驾驶位乘员的头部和胸部，因为正面发生的猛烈碰撞会导致车辆前方大幅度变形，而车内乘员会随着这股猛烈的惯性向前俯冲，造成与车内构件的相互撞击，安全气囊可避免致命的伤害。

（3）快速识别方法与技巧

前乘客安全气囊在乘客位的正前方仪表中间位置，在装有安全气囊系统的容器外部都印有（Supplemental Inflatable Restraint System，SRS）的字样。

11.3 头部安全气囊

（1）外观、结构与安装位置（图11-3-1）

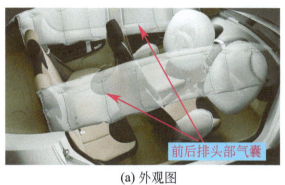

(a) 外观图　　　　　　　　　　　(b) 位置图

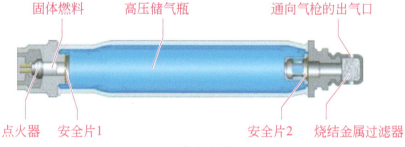

(c) 结构图

图 11-3-1　头部安全气囊

（2）工作原理与作用

头部气囊也叫侧气帘，在碰撞时弹出遮盖车窗，以达到保护乘客的目的。一般情况下，大多数头部气囊都是前后贯通式，只有少数品牌仅有前排头部气囊。后排头部气囊是安装在后部车顶处的安全气囊系统，是用来保护后排座椅乘客的被动安全配置。需要注意的是气囊只有与安全带配合起来，才能使乘客在重大事故中得到最好的保护。

（3）快速识别方法与技巧

头部安全气囊安装在车内顶棚两侧。

11.4 气囊螺旋弹簧

（1）外观、结构与安装位置（图11-4-1）

(a) 外观图

(b) 结构图

(c) 位置图

图 11-4-1　气囊螺旋弹簧

（2）工作原理与作用

为与方向盘一起转动的电子部件，用于连接气囊线束和车身线束。

（3）快速识别方法与技巧

气囊螺旋弹簧安装在转向柱开关和方向盘之间的转向柱上。

（4）常见故障及解决办法

气囊螺旋弹簧常见的故障是气囊螺旋弹簧本身故障，其故障现象为气囊灯长亮。

应检查安全气囊系统插接件及触点单元（即螺旋弹簧线圈）电阻值（标准值为1Ω），若不正常，则应更换。

11.5 控制单元

（1）外观、结构与安装位置（图11-5-1）

(a) 外观图

(b) 结构图

(c) 位置图

图 11-5-1　控制单元

（2）工作原理与作用

安全气囊控制单元内集成有电子装置，这些电子装置的任务就是获取车辆减速度和车辆加速度信息，并判定是否需要激活保护系统。

在车辆发生事故时，用于获取车辆减速度和车辆加速度信息的不只是安全气囊控制单元内集成的传感器，还有外部传感器。只有在分析了所有传感器的信息后，安全气囊控制单元内的电子装置才能判断是否要触发安全部件、什么时间触发以及触发哪些安全部件。根据事故的类型以及严重程度，可能只触发安全带张紧器，也可能让安全带张紧器与安全气囊一起触发。

（3）快速识别方法与技巧

安全气囊电脑（控制单元）一般都安装在排挡杆前面或下面。

（4）常见故障及解决办法

控制单元常见的故障为控制单元本身故障，其故障现象多为气囊灯点亮。检查方法：

❶ 连接电脑诊断仪读取气囊控制单元故障码。

❷ 检查气囊控制单元的供电、搭铁和网线是否正常，如果正常则更换气囊控制单元；如不正常，则修复损坏的线路。

11.6 安全带张紧器

（1）外观、结构与安装位置（图11-6-1）

(a) 外观图

1—自动拉紧器引爆器接口；
2—自适应带力限制器引爆器接口

(b) 结构图

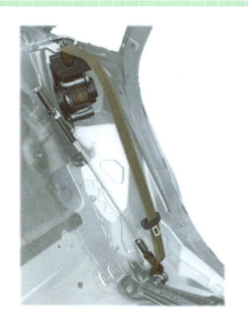 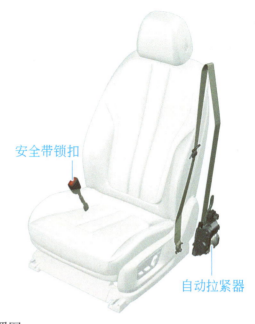

(c) 位置图

图 11-6-1　安全带张紧器

（2）工作原理与作用

预紧式安全带的特点是当汽车发生碰撞事故的一瞬间，乘员尚未向前移动时它会首先拉紧织带，立即将乘员紧紧地绑在座椅上，然后锁止织带防止乘员身体前倾，有效保护乘员的安全。预紧式安全带中起主要作用的卷收器与普通安全带不同，其除了具有普通卷收器的收放织带功能外，还可在车速发生急剧变化时加强对乘员的约束力，因此它还有控制装置和预拉紧装置。

预紧限力式安全带的工作原理通过安全气囊 ECU 发出一个预紧点火信号，预紧器内的火药燃烧产生高压气体作为卷曲动力，消除安全带与人体之间的间隙。目前预紧限力式安全带已经在中高端车型当中广泛使用。

预卷式预紧限力式安全带的工作原理：通过雷达感应装置感应车辆与前车的间距，如果间距小于某一设定值，其 ECU 发出信号控制电机运动，消除安全带与人体之间的空隙，并且提醒驾驶员紧急制动或者应急处理。这款安全带涉及很多主动安全相关的装置（例如探测雷达、计算程序等），因此其整体价格非常昂贵，目前只在一些高端车型上使用。

（3）快速识别方法与技巧

安装在每个座位靠车架的一侧。

11.7 膝部安全气囊

（1）外观、结构与安装位置（图11-7-1）

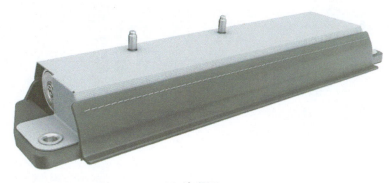

(a) 外观图

(b) 结构图

(c) 位置图

图 11-7-1　膝部安全气囊

（2）工作原理与作用

膝部安全气囊用于降低乘员在二次碰撞中车内饰对乘员膝部的伤害，不仅可以缓冲腿部受到的冲击，还进一步控制撞击中的身体移动，这意味着头部或上半身受伤的可能性被同步降低。

（3）快速识别方法与技巧

膝部安全气囊安装在仪表的下方、座椅的正前方。

11.8 侧面安全气囊

（1）外观、结构与安装位置（图11-8-1）

(a) 外观图

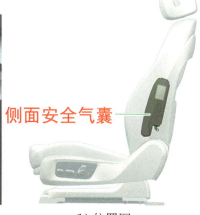

(b) 位置图

(c) 结构图

图 11-8-1　侧面安全气囊

（2）工作原理与作用

触发时侧面安全气囊从靠背框架中向外弹出并在侧面结构与乘员之间展开。

在汽车发生严重的侧面碰撞或者翻滚的时候，会迅速充气弹出，在驾乘人员与车门、B柱之间形成一个气垫，以保护车内驾乘人员的腰部、腹部、胸部外侧以及胳膊等免受伤害，保证身体上肢的活动能力和逃生能力。

（3）快速识别方法与技巧

侧面安全气囊和气体发生器位于一个塑料壳体即安全气囊模块内，安装在前座椅靠背内座套下。

11.9 传感器及开关

(1) 横向和纵向加速度传感器(图11-9-1)

图 11-9-1　横向和纵向加速度传感器

横向和纵向加速度传感器可为识别正面碰撞、侧面碰撞和尾部碰撞提供支持。

安全气囊传感器由一个横向和一个纵向加速度传感器组成。这些加速度传感器分别测量 X 方向和 Y 方向的正加速度及负加速度。由 X 和 Y 信号提供的信息是识别碰撞方向的重要因素。安全气囊传感器可在识别正面、侧面和尾部碰撞时提供支持。左侧和右侧安全气囊传感器的结构相同,安装时通过机械设码方式确定。

(2) 车门安全气囊传感器(图11-9-2)

图 11-9-2　车门安全气囊传感器(压力)

车门内的安全气囊传感器可为识别侧面碰撞提供支持。发生侧面碰撞时，除横向加速度值外，车门空腔内的压力也会提高。

车门内的安全气囊传感器用于在识别侧面碰撞时验证B柱内安全气囊传感器以及高级碰撞和安全模块的加速度信号可信度。安全气囊传感器位于车门内板上，用于测量发生侧面碰撞时的压力增值。发生撞向车门的侧面碰撞时，外部面板被向内挤压。因此造成车门内部空间减小且内部压力增高。安全气囊传感器负责测量这种压力变化。除压力传感器外，安全气囊传感器内还装有一个电子装置，用于将压力值转化为数字信号并以周期形式发送给高级碰撞和安全模块ACSM。其数据传输方式与B柱内的安全气囊传感器相似。在ACSM内对压力值进行分析。

（3）安全气囊前部传感器（图11-9-3）

图11-9-3　安全气囊前部传感器

左侧和右侧前端传感器可为识别正面碰撞提供支持。

传感器向高级碰撞和安全模块ACSM提供有关碰撞过程及严重程度的附加信息。传感器由用于测量减速度的加速度传感器、信号处理装置和用于传输数据的电子装置组成。测量值以数据电码形式传输至ACSM并用于算法计算。

（4）带传感器的压力软管（图11-9-4）

与一个加注空气的压力软管两端连接的两个压力传感器构成了主动式发动机室盖的传感器系统。压力软管集成在保险杠支架和碰撞缓冲块之间。

施加在压力软管上的作用力使其压缩。压力传感器测量压力增大情况并产生特性信号。

这些信号通过数据导线传输至高级碰撞和安全模块ACSM。ACSM根据这些数据确定是否达到或超过与行人发生碰撞的识别限值并据此做出发动机室盖燃爆式执行机构的触发决定。

图 11-9-4　带传感器的压力软管

（5）ACSM 内的传感器（图11-9-5）

中央传感器系统集成在高级碰撞和安全模块 ACSM 内。ACSM 有一个纵向和横向加速度传感器、一个垂直加速度传感器和一个滚动速率传感器，用于识别碰撞。此外 ACSM 还各有一个纵向和横向加速度传感器以及一个横摆率传感器，用于调节行驶动力。

用于识别碰撞的传感器数据在 ACSM 内进行分析，为识别侧面、尾部或正面碰撞以及识别翻车情况提供支持。用于调节行驶动力的尚未进行分析的传感器数据通过 FlexRay 总线发送至车身稳定系统控制单元并在此进行处理。

图 11-9-5　ACSM 内的传感器

（6）安全带锁扣开关（图11-9-6）

安全带锁扣开关通常位于驾驶员和前乘客座椅的安全带锁扣内。在带有欧规专用选装配置的车辆上也装有后座椅安全带锁扣开关。

安全带锁扣开关识别安全带锁舌是否在安全带锁扣内。由高级碰撞和安全模块ACSM 为传感器供电并分析传感器数据。从行驶准备状态起，系统持续监控安全带锁扣开关，并将开关信号用于视觉和声音安全带警告以及确定需要触发的乘员保护系统。

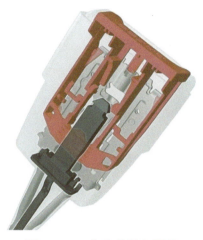

图 11-9-6　安全带锁扣开关

（7）前乘客安全气囊关闭开关（图11-9-7）

在带有前乘客安全气囊关闭装置的车辆上使用前乘客安全气囊关闭开关来手动停用前乘客侧的前部和侧面安全气囊。

通过机械钥匙以手动方式操作前乘客安全气囊关闭开关。由一个霍尔传感器探测开关位置。由高级碰撞和安全模块 ACSM 分析传感器数据并为传感器供电。

图 11-9-7　前乘客安全气囊关闭开关

第 12 章 驾驶辅助系统零部件

12.1 定速巡航控制系统

视频精讲

该系统也称为"动态定速巡航控制系统（DCC）"。在车流量较少的道路上，DCC可不受行驶阻力（上坡、下坡行驶和车辆负荷）干扰，通过保持车速恒定来减轻驾驶员的负担，但是仍由驾驶员负责车辆转向。驾驶员可以随时通过制动或加速接管DCC功能。定速巡航控制系统组成如图12-1-1所示。

(a) 操控开关

1—用于调节自身车辆与前方车辆车距的按钮(增大车距)；
2—用于启用或停用具有停车和起步功能的主动定速巡航控制系统的按钮；
3—用于更改设置车速的翘板按钮；
4—用于启用或停用限速功能的按钮；
5—用于调节自身车辆与前方车辆车距的按钮(减小车距)；
6—用于调出一个已存储设置车速/临时关闭定速巡航控制系统的按钮

可拆卸格栅　具有停车和起步功能的传感器　　　　　　　　　　　调节方式

(b) 前部雷达传感器安装位置　　　　　　　　(c) 前部雷达传感器

图 12-1-1　定速巡航控制系统组成

12.2 碰撞警告系统

碰撞警告系统包括带城市制动功能的碰撞警告系统和带城市制动功能的行人警告系统。

在带有选装配置具有停车和起步功能的主动定速巡航控制系统的车辆上，也使用定速巡航控制系统的雷达传感器来控制碰撞警告系统。

在可能存在碰撞危险的情况下系统会向驾驶员发出警告。在此首先通过视觉信号发出预警，提示驾驶员注意相关情况。情况进一步恶化时，通过视觉和声音信号发出严重预警，此时，驾驶员迅速采取行动尚可避免发生碰撞。

显示说明如下。

（1）预警（图12-2-1）

车辆符号以红色亮起；增大车距，必要时制动。

图 12-2-1　预警

（2）严重警告1（图12-2-2）

车辆符号以红色闪烁并发出声音信号；要求通过制动器进行干预，必要时避让绕行。

图 12-2-2　严重警告 1

（3）严重警告 2（图 12-2-3）

行人符号以红色闪烁并发出声音信号；要求通过制动器进行干预，必要时避让绕行。

图 12-2-3　严重警告 2

可在中央信息显示屏中的"智能型安全系统"菜单内配置碰撞警告系统的预警时刻。智能型安全系统按钮如图 12-2-4 所示。

图 12-2-4　智能型安全系统按钮

12.3 车道变更警告系统

车道变更警告系统可识别出自身车辆变更车道可能会发生危险的交通情况。例如远处车辆快速从后方驶近本车或车辆位于死角区域时，就会出现这种交通情况。

车道变更警告系统控制单元雷达传感器位于后保险杠下方（图12-3-1）。

视频精讲

图12-3-1　雷达传感器安装位置

车道变更警告系统主控单元位于右侧，副控单元位于左侧。

识别出车辆且启用系统时，通过车外后视镜内的相应显示告知驾驶员情况，并在进行车道变更操作前发出信号可使驾驶员充分做好车道变更准备，从而及时避免危险情况。

在车外后视镜玻璃上进行车道变更警告系统显示（图12-3-2）。

图12-3-2　车外后视镜玻璃内的信号单元

组合仪表显示：系统已启用，不满足警告前提条件（图12-3-3）；已识别出至少一条车道分界线，可发出警告（图12-3-4）。

图 12-3-3　不满足警告前提条件

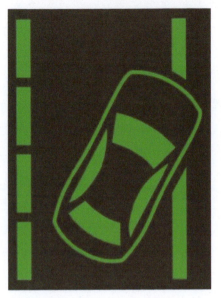

图 12-3-4　可发出警告

12.4　侧面碰撞警告系统

　　侧面碰撞警告系统是带主动式侧面碰撞保护功能的车道保持辅助系统的组成部分。四个雷达传感器监控车辆旁边区域，可在任何光线条件下工作，并且最大限度地不受天气变化影响。

　　出现碰撞危险时，车外后视镜内的相应显示（根据方向，左侧或右侧）以较高强度闪烁且方向盘开始振动。

　　后部雷达传感器是车道变更警告系统传感器。

　　此外针对前部侧面碰撞警告系统也使用两个雷达传感器（图 12-4-1）。

　　发生侧面碰撞危险时带主动转向干预的侧面碰撞警告系统如图 12-4-2 所示。示例：

❶ 在 70～210 km/h 车速范围内进行辅助性转向干预；

❷ 转向干预可通过方向盘感知，但驾驶员可随时对其进行手动控制。

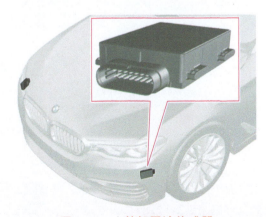

图 12-4-1　前部雷达传感器

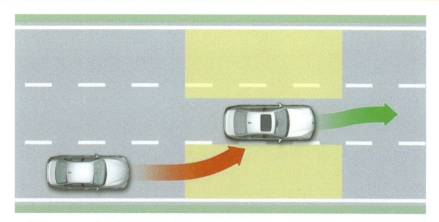

图 12-4-2　发生侧面碰撞危险时带主动转向干预的侧面碰撞警告系统

12.5 错误行驶警告系统

该系统可在交通情况或道路走向较为混乱时为驾驶员提供支持，例如驶入高速公路或交通环岛内时。也能够在市内区域将单行道识别为这种情况。

如果驾驶员无意间走到错误道路上，这使得该驾驶员成为危险的"方向错误驾驶员"，在此错误行驶警告系统借助禁止驶入标志牌识别这种情况，然后同时发出视觉和声音警告。

视觉警告在组合仪表内或在平视显示屏内实现，同时以符号（禁止驶入标志牌）以及文本（检查行驶方向）的形式显示出来（图 12-5-1）。

说明文本"检查行驶方向"

图 12-5-1　错误行驶警告系统（组合仪表内的显示）

错误行驶警告系统所需信息（标志牌识别）一方面由立体摄像机通过交通标志识别提供，同时也通过导航数据进行校准。会在经过"禁止驶入"或"规定驶过""交通环岛标志牌"等交通标志牌以及标志牌组合时加以考虑。

下面是发出警告的一种情况示例（图 12-5-2）。

图 12-5-2 基于"禁止驶入"和"规定驶过"标志牌识别以及导航数据分析的警告

1—立体摄像机探测范围；a—行驶方向；b—存储在导航系统内的高速公路路线

12.6 优先行驶警告系统

优先行驶警告系统在 15～65km/h 的车速范围内起作用。

在可能存在危险的情况下系统会向驾驶员发出警告。在此根据指示牌以纯视觉（预警）方式或者以视觉（预警）和声音（严重警告）方式警告驾驶员。

❶ 识别到"给予优先行驶"标志牌时发出预警（图 12-6-1）。

图 12-6-1 "给予优先行驶"标志牌

❷ 识别到"停止"标志牌时发出预警和严重警告（图 12-6-2）。

图 12-6-2 "停止"标志牌

警告情况示例如图 12-6-3 和图 12-6-4 所示。

图 12-6-3　有"停止"标志牌的交叉路口　　图 12-6-4　有"给予优先行驶"标志牌的交叉路口

12.7 主动转向干预系统

在带有侧面碰撞警告系统的车辆上，可根据"智能型安全系统"菜单内的设置实现系统短时主动转向干预，从而辅助车辆返回自身车道（图 12-7-1）。

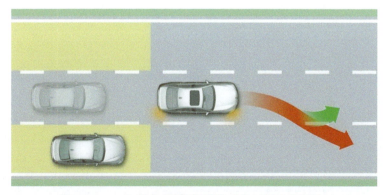

图 12-7-1　车道变更警告系统（主动转向干预）

同时，车外后视镜内的相应车道变更警告系统显示进行闪烁。

在 70～210km/h 车速范围内进行辅助性转向干预。

主动转向干预可通过方向盘感知，但驾驶员可随时对其接管。在驾驶员"接管"的情况下主动转向干预终止。

12.8 交叉路口警告系统

交叉路口警告系统能够提前识别出即将与交叉行驶车辆发生碰撞并在必要时防止碰撞发生。

立体摄像机以及前部雷达传感器监控交通情况，借此获得的信息是系统运行的基础。传感器探测与其他车辆的距离及其速度和移动方向，同样也分析自身车辆的速度。

探测到与交叉行驶车辆有碰撞危险（碰撞前约 1s）且只有通过不舒适的驾驶操作才能由驾驶员本身或交叉行驶车辆来避免危险，就会发出警告。注意：只有交叉行驶车辆比自身车辆慢时，才发出警告。交叉行驶车辆比自身车辆快时不会发出警告，因为直到即将碰撞前交叉行驶车辆都位于传感器的探测范围之外。

如图 12-8-1 所示为对交叉路口警告系统来说重要的危险区域。

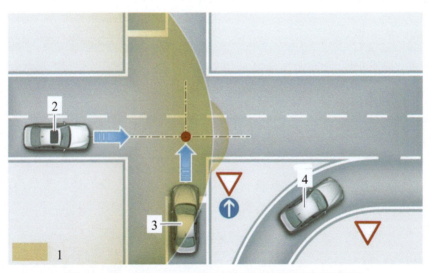

图 12-8-1　对交叉路口警告系统来说重要的危险区域

1—危险区域；2—自身车辆；3—位于危险区域内的车辆；4—危险区域外的车辆

如果通过前瞻性系统识别到危险情况，则通过视觉和声音警告要求驾驶员紧急制动。同时使制动系统预先做好准备。在此不通过系统自动进行制动干预，为此多次要求驾驶员迅速采取行动并自己进行制动。紧急制动期间必要时会自动提供制动助力，在此根据需要为实现高效紧急制动控制制动压力。

仪表显示如图 12-8-2 所示。

交叉路口警告系统符号（针对从左侧靠近的目标发出警告）如图 12-8-3 所示。

交叉路口警告系统符号（针对从右侧靠近的目标发出警告）如图 12-8-4 所示。

图 12-8-2　仪表显示

图 12-8-3　针对从左侧靠近的目标发出警告

图 12-8-4　针对从右侧靠近的目标发出警告

交叉路口警告系统在 15 ～ 65km/h 的车速范围内起作用。

必要时可以通过选择"所有系统关闭"以关闭交叉路口警告系统。不能通过"iDrive 菜单"单独停用或配置交叉路口警告系统。

交通标志识别系统

当前限速和禁止超车信息由交通标志识别功能探测，并通过交通标志形式的符号在组合仪表或平视显示屏内显示（图 12-9-1）。

图 12-9-1　组合仪表内的限速显示

与法定标准不符的、特别是没有圆框的限速交通标志始终无法识别。被标签、污物或植物完全或部分遮挡的交通标志也无法识别。与交通标志距离较远、车速较快和受不利的天气影响，特别是夜间行驶时，会使准确识别交通标志的难度增大。为了确保尽可能准确地显示当前限速，导航地图数据应处于目前最新状态。

12.10 前方道路预测辅助系统

前方道路预测辅助系统提示驾驶员松开加速踏板以降低耗油量的理想时刻。

组合仪表或平视显示屏内的显示提示驾驶员注意存在与前方道路预测辅助系统有关的路段并使其能够相应做出反应（图12-10-1）。

图 12-10-1　组合仪表内的前方道路预测辅助系统显示

12.11 夜视系统

夜视系统可在夜间最佳条件下识别出最远约100m处的行人和动物，尤其可在光线阴暗和恶劣路段上（例如在与树林毗邻的乡村道路上行驶时）为驾驶员提供支持。

识别出危险情况时，系统会在必要时提醒驾驶员注意道路上的行人和动物。

夜视系统摄像机拍摄车辆前方区域并将数据传输至夜视系统电子装置（图12-11-1）。由夜视系统电子装置对图像数据进行分析并将相应图像信息传输至主控单元，如图12-11-2所示。

示例：系统识别类似于人或动物的温热物体，然后可根据需要在中央信息显示屏上显示出来（图12-11-3）。

目标识别作用范围：行人识别最远约100m；大型动物识别最远约150m；中型动物识别最远约70m。

第 12 章 驾驶辅助系统零部件

图 12-11-1　夜视系统摄像机

图 12-11-2　夜视系统电子装置

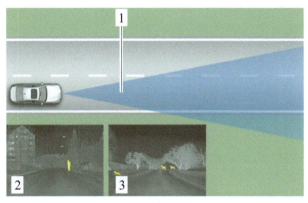

图 12-11-3　夜视系统识别范围

1—夜视系统摄像机识别范围；2—识别出行人时的夜视系统摄像机图像（中央信息显示屏显示）；
3—识别出动物时的夜视系统摄像机图像（中央信息显示屏显示）

视频精讲

夜视系统的符号及其含义如图 12-11-4 所示。

(a) 行人位于车道上的预警

(b) 行人穿越车道的预警

(c) 识别出行人时的严重警告

(d) 识别出动物时的预警

(e) 识别出动物时的严重警告

图 12-11-4　夜视系统的符号及其含义

12.12　注意力辅助系统

注意力辅助系统有助于避免在长时间乏味的行驶过程中因疲劳导致交通事故。该系统是已标配安装的主动保护系统的组成部分。

驾驶员驾驶方式改变时会被注意力辅助系统识别出来。驾驶员注意力不集中或疲劳时,注意力辅助系统就会在中央信息显示屏内以检查控制信息形式显示休息建议。

每次启动发动机后达到约 70km/h 车速时就会自动启用注意力辅助系统。

12.13 摄像机系统

摄像机系统可在停车入位、挪移或遇到不明显的出口和弯道时为驾驶员提供帮助。

（1）环视系统

环视系统以最佳方式再现车辆环境并在中央信息显示屏中俯视系统和 3D 视图内进行显示。系统由前部摄像机控制单元、集成在两个车外后视镜内的摄像机控制单元、倒车摄像机控制单元和顶部后方侧视摄像机控制单元组成。四个摄像机的图像通过 3D 计算机图形从不同视角组合为环绕车辆的空间视图。

可选择固定设置视图或自由选择视图（例如挂车缩放和驶入自动洗车设备）。此外还具有在中央信息显示屏内显示辅助线等辅助功能。可显示以下摄像机视角：

❶ 自动摄像机 根据相应行驶状况，系统自动提供合适的摄像机视角，从而在驻车和挪移期间为驾驶员提供最佳支持。自动摄像机视角根据转向情况提供相应视图，会考虑具体行驶方向以及驻车距离监控系统提供的车距信息。只要识别出障碍物，视图就会切换为车辆前方或后方区域固定显示或根据需要也切换为相应侧面视图。

❷ 侧面视图 该视图可通过显示侧面环境在路沿处或遇到其他侧面障碍物时辅助进行车辆定位。侧面视图采用从后向前的视角，遇到危险情况时会自动对焦到可能的障碍物上。图像显示既可针对车辆左侧也可针对车辆右侧。

❸ 前部摄像机 前部摄像机可在驶入和驶出停车位以及挪移时为驾驶员提供支持。前部摄像机探测车辆前方区域并在中央信息显示屏内进行显示，无法单独直接选择前部摄像机视图，为此驾驶员必须选择"自动"摄像机或根据需要打开"全景系统"功能。

❹ 全景系统 全景系统可在环境复杂的出口和交叉路口处提前了解交叉行驶情况，从而为驾驶员提供最佳支持。驾驶员可能会很晚才看到或看不到由侧面障碍物遮挡的道路使用者。为了改善视野，前部和倒车摄像机探测侧面道路区域。可根据所挂行驶挡位启用前部或倒车摄像机（图 12-13-1）。

图 12-13-1 显示屏内的全景系统视图

屏幕视图上的黄线表示车辆前端和后端。摄像机图像在某些区域内会产生不同程度的变形，因此不适用于评估距离。通过全景系统按钮启用功能，停用时再次操作该按钮即可。车速超过约 15km/h 时自动停用全景系统功能。

❺ 倒车摄像机　倒车摄像机可在驶入和驶出停车位以及挪移时为驾驶员提供支持。倒车摄像机探测车辆后方区域并在中央信息显示屏内进行显示（图 12-13-2）。

图 12-13-2　显示屏内的倒车摄像机视图

❻ 移动摄像机　选择移动摄像机视角时，中央信息显示屏内显示围绕车辆的圆形轨道。通过转动控制器或通过触摸功能可选择圆形轨道上的规定视角。在带有选装配置手势控制的车辆上，也可通过该功能控制移动摄像机视角。通过摄像机符号显示当前视角。根据视图，在中央信息显示屏内显示（部分）车辆周围环境。如图 12-13-3 所示。

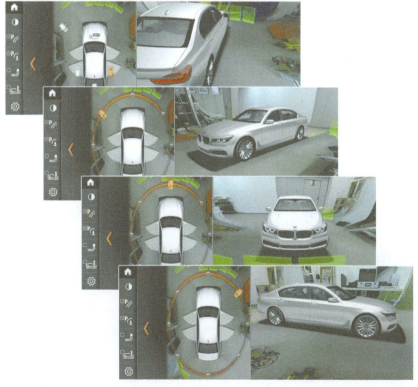

图 12-13-3　显示屏内的外部摄像机视图（移动摄像机视角）

通过向侧面推动并按下控制器或通过触摸屏点击启用的摄像机符号可离开视图。如果通过手势控制进行操作，则在中央信息显示屏右侧屏幕上显示手势符号（图 12-13-4）。

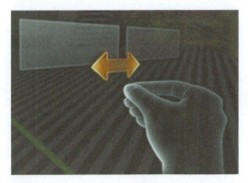

图 12-13-4　通过手势控制转动摄像机图像

（2）外部摄像机操作

成功启用摄像机系统后，驾驶员可通过功能菜单选择相应图像视图或摄像机（图 12-13-5）。显示器内的外部摄像机视图如图 12-13-6 所示。

图 12-13-5　摄像机系统的开关组件

1—驻车辅助按钮；2—全景系统按钮

图 12-13-6　显示器内的外部摄像机视图

1—功能栏；2—选择窗口；3—侧面视图；4—自动摄像机视角；5—倒车摄像机；
6—移动摄像机视角；7—摄像机图像

（3）辅助功能

摄像机系统可提供以下辅助功能。

❶ 洗车设备视图　洗车设备视图可在驶入自动洗车设备时为驾驶员提供支持。选择洗车设备视图时，会在即将驶入自动洗车设备前在中央信息显示屏内显示俯视图像视图，同时会在图像内显示自身轮胎轨迹从而改善定向。

❷ 挂车缩放　挂车缩放视图可在挂有挂车时为驾驶员提供支持。为此在中央信息显示屏内放大显示挂车牵引钩图像区域。驾驶员可通过两个静态圆形区段估算挂车与挂车牵引钩的距离。

❸ 侧面保护　侧面保护功能提醒车辆侧面有障碍物，从而在驶入和驶出停车位以及挪移时为驾驶员提供支持。为了防止车辆侧面与障碍物碰撞，必要时会在中央信息显示屏内显示车辆侧面的附加障碍物标记（图12-13-7）。

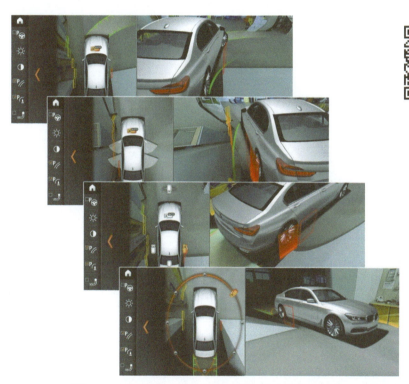

图12-13-7　侧面保护视图（附加障碍物标记）

❹ 车门开启角度　停车并挂入选挡杆位置"P"后中央信息显示屏内显示最大车门开启角度（图12-13-8）。如果车辆的车门区域内有障碍物且已由侧面保护功能识别出来，则中央信息显示屏内显示相应标记。

障碍物标记显示仅指出车门区域内的障碍物。在此无法通过摄像机系统强制显示，因为车门区域为模拟形式。在此仅提示驾驶员车辆侧面有物体，但不会具体说明车门是否与所识别障碍物碰撞。因此驾驶员必须自己估计是否会发生碰撞。

（4）远程3D视图

驾驶员可通过其边缘设备将远程请求发送到所停车辆上。车辆拍摄环境图像并发送

图 12-13-8　显示器内的车门开启角度视图

到边缘设备上,然后创建 3D 图示。也可以通过手势调整视野。因此驾驶员可以随时查看其车辆的周围环境。

实现远程 3D 视图(远程 360°)的前提条件是环视系统,因为该系统包含俯视 3D 视图。其环视系统照片如图 12-13-9 所示,智能电话内的视图如图 12-13-10 所示。

图 12-13-9　远程 3D 视图(环视系统照片)

图 12-13-10　远程 3D 视图(智能电话内的视图)

（5）摄像机系统组件

❶ 前部摄像机如图 12-13-11 所示。

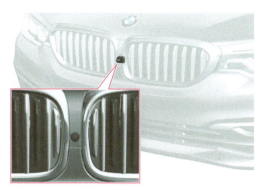

图 12-13-11　前部摄像机

❷ 车外后视镜摄像机如图 12-13-12 所示。

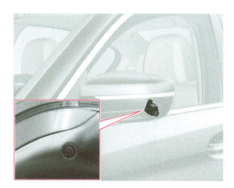

图 12-13-12　车外后视镜摄像机

❸ 倒车摄像机如图 12-13-13 所示。倒车摄像机可在驶入和驶出停车位以及挪移时为驾驶员提供支持，在中央信息显示屏内显示车辆后方区域。通过集成在图像内的距离辅助线、转弯圆、显示的障碍物标记以及根据需要提供的挂车缩放功能为驾驶员提供额外支持。

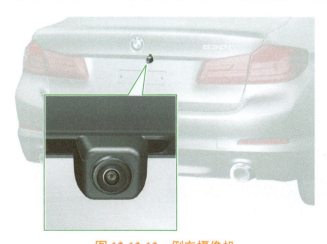

图 12-13-13　倒车摄像机

❹ 摄像机系统控制单元如图 12-13-14 所示。外部摄像机从多个视角探测车辆周围区域并通过以太网将信息发送至摄像机系统控制单元。摄像机系统控制单元通过以太网导线将视频信号传输至主控单元。主控单元将信号传输至中央信息显示屏。

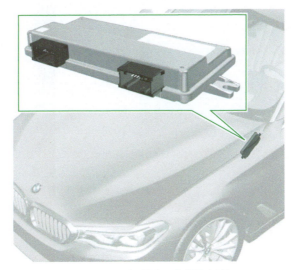

图 12-13-14　摄像机系统控制单元

12.14　驻车距离监控系统

驻车距离监控系统可在驶入和驶出停车位时为驾驶员提供支持，通过声音信号和视觉显示表示目前至障碍物的距离（图 12-14-1）。

图 12-14-1　显示器内的驻车距离监控系统视图

通过后部保险杠饰板内的四个超声波传感器和前部保险杠饰板内的另外四个超声波传感器测量与障碍物的距离。

驻车距离监控系统组件如图 12-14-2 所示。

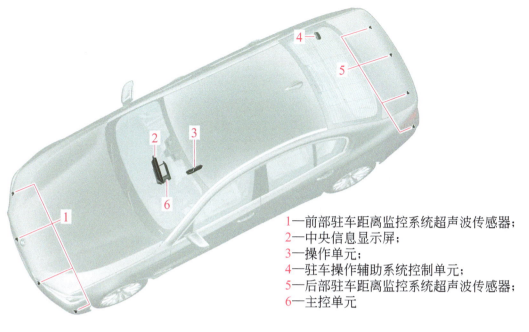

1—前部驻车距离监控系统超声波传感器；
2—中央信息显示屏；
3—操作单元；
4—驻车操作辅助系统控制单元；
5—后部驻车距离监控系统超声波传感器；
6—主控单元

视频精讲

图 12-14-2　驻车距离监控系统组件

12.15　交叉行驶警告系统

如果识别出移动目标以当前速度在接下来约 2s 内进入车辆前方或后方区域，就会发出视觉和声音警告。

此外还通过后部交叉行驶警告系统控制车外后视镜玻璃内的 LED，并通过车道变更警告系统的信号单元进行显示。根据目标接近车辆的方向控制左侧或右侧车外后视镜内的显示。

在 7km/h 以下车速时，交叉行驶警告系统启用。该功能的其他前提条件是侧面雷达传感器可探测道路或正在接近的目标。雷达传感器能够探测距离车辆最远约 80m 内的目标。

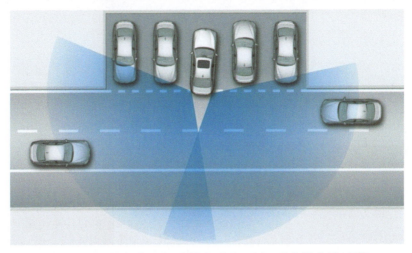

图 12-15-1　后部交叉行驶警告系统示例（驶出停车位过程）

（1）后部交叉行驶警告系统

后部交叉行驶警告系统（图 12-15-1）可在例如倒车驶出停车位时为驾驶员提供支持，在不易看清交通情况的条件下提醒驾驶员可能会与交叉行驶车流发生碰撞。在中央信息显示屏内驻车距离监控系统图像中显示警告。

驾驶员挂入"R 挡"或驻车距离监控系统启用时，主动接通后部交叉行驶警告系统。

在带有选装配置高级驻车辅助系统的车辆上，如果事先启用了全景系统，则也会主动接通后部交叉行驶警告系统。后部交叉行驶警告系统在不超过约 7km/h 的车速范围内可供使用。

（2）前部交叉行驶警告系统

前部交叉行驶警告系统可在例如从出口处或复杂交叉路口处驶入交叉行驶车流时为驾驶员提供支持。

前部交叉行驶警告系统包含在选装配置高级行驶辅助系统内。因此装有前部交叉行驶警告系统时，会自动配备后部系统。在中央信息显示屏内驻车距离监控系统图像中显示警告。

驻车距离监控系统启用且自身车辆速度不超过约 7km/h 时，会主动接通前部交叉行驶警告系统。

在带有选装配置高级驻车辅助系统的车辆上，如果事先启用了全景系统，则也会主动接通前部交叉行驶警告系统。与后部交叉行驶警告系统相同，前部系统功能也在约 7km/h 的车速范围内可供使用。

12.16　驻车操作辅助系统

驻车操作辅助系统可为驾驶员提供多方面的支持。一方面可以测量停车位大小并根据测量结果确定停车位是否够大；另一方面可减少驾驶员停车入位的操作。

（1）纵向停车

纵向停车示例如图 12-16-1 所示。

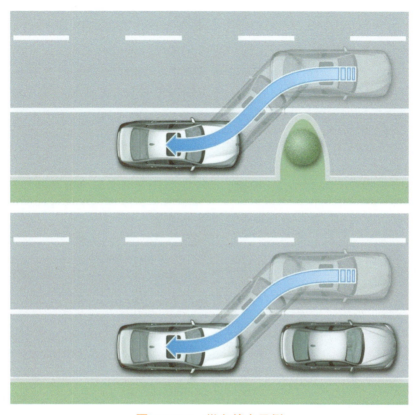

图 12-16-1　纵向停车示例

（2）横向停车

横向停车示例如图 12-16-2 所示。

图 12-16-2　横向停车示例

（3）系统组件

驻车操作辅助系统组件如图 12-16-3 所示。

❶ 驻车辅助按钮是驻车操作辅助系统 PMA 的主要操作部件（序号 8）。

❷ 行驶期间前保险杠内的两个附加超声波传感器测量停车位（序号 1）。

❸ 通过后保险杠饰板内的四个超声波传感器和前保险杠饰板内的另外四个超声波传感器测量与障碍物的距离（序号 11 和 19）。

❹ 通过位于后保险杠内的另外两个超声波传感器在停车入位过程中准确探测横向停车位。附加 PDC 传感器测量与所识别目标的距离。

图 12-16-3　驻车操作辅助系统组件

1—驻车操作辅助系统超声波传感器；2—数字式发动机电子系统；3—车身域控制器；4—中央信息显示屏；5—主控单元；6—碰撞和安全模块；7—控制器；8—驻车辅助按钮；9—后部侧面驻车距离监控系统超声波传感器；10—驻车操作辅助系统控制单元；11—后部驻车距离监控系统超声波传感器；12—转向柱开关中心；13—组合仪表；14—选装配置系统控制单元；15—动态稳定控制系统；16—数字式发动机电子系统；17—电子助力转向系统；18—变速箱电子控制系统；19—前部驻车距离监控系统超声波传感器

（4）工作原理

在以 35km/h 以下的车速驶过时，无论之前是否启用，系统都会测量可能的停车位。

通过集成在前部车轮罩内的两个附加超声波传感器测量停车位，为在停车入位过程中准确确定横向停车位。在后保险杠内装有另外两个超声波传感器，附加传感器测量与所识别目标的距离。

四个传感器与驻车操作辅助系统控制单元连接，在该控制单元内还执行驻车距离监控系统功能。四个超声波传感器的功能与驻车距离监控系统相似，即发出超声波脉冲并接收回声脉冲。

只要找到了长度和宽度满足要求的停车位且系统已经启用，就会在中央信息显示屏内为驾驶员显示该车位。

在搜索停车位和停车入位过程中驾驶员可通过集成显示获得有关停车位本身、停车入位辅助状态和相应处理说明以及与其他目标距离等信息。

驾驶员监控车辆周围情况，并可根据车辆周围情况的需要，随时对自动停车入位操作进行干预。

12.17 遥控驻车辅助系统

遥控驻车辅助系统可通过显示屏钥匙遥控车辆驶入和驶出停车位。通过这种方式，系统可在无法实现驾驶员舒适上下车的狭窄正向停车位（例如车库和停车楼内）处为驾驶员提供支持。

通过在显示屏钥匙上启用"遥控驻车"功能，可向前和向后自动停入正向停车位内（图 12-17-1）。

图 12-17-1 遥控驻车（一）

由驻车距离监控系统和驻车操作辅助系统的超声波传感器以及环视系统摄像机在其系统极限内监控整个驻车过程。在此过程中驾驶员位于车外，直接观察车辆周围情况并能够随时通过显示屏钥匙终止驻车过程（图 12-17-2）。如果驾驶员离开了操作范围，车辆就会自动停止。

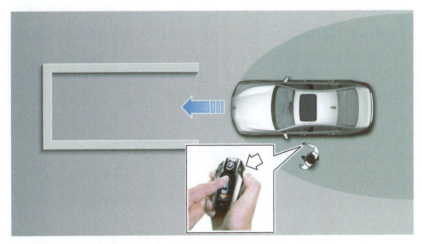

图 12-17-2　遥控驻车（二）

（1）对停车位的要求

图 12-17-3 解释了使用遥控驻车功能停车位必须满足的要求或前提条件。

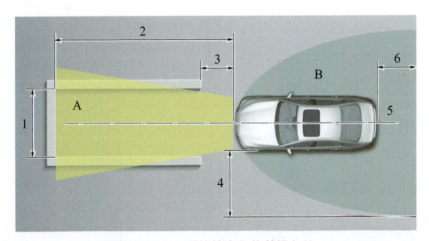

图 12-17-3　遥控停车入位前提条件

A—可能的停车范围；B—可能的操作范围；1—最小停车位宽度；2—最大移动距离；3—与停车位最大距离；4—驾驶员与车辆侧面最大距离；5—通过微小转向修正补偿相对于停车位中心的最大偏转和最大偏移；6—驾驶员与车辆后方最大距离

（2）系统概览

顶部后方侧视摄像机控制单元和选装配置系统控制单元是遥控驻车功能的主要系统组件。

通过驻车距离监控系统和驻车操作辅助系统的超声波传感器以及环视系统摄像机进行环境识别。进行驾驶员或显示屏钥匙定位时使用舒适登车系统天线和遥控驻车天线。

图 12-17-4 展示了遥控驻车辅助系统的相关组件。

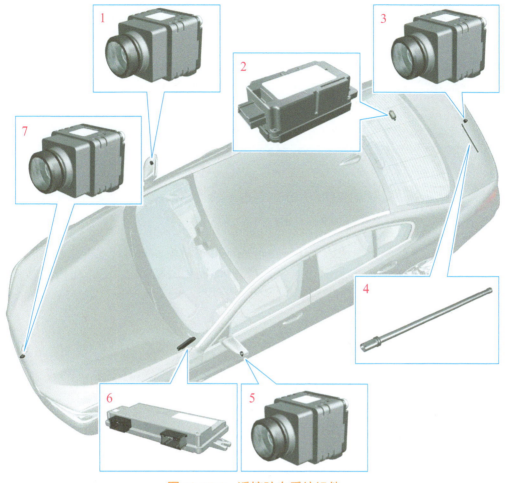

图 12-17-4　遥控驻车系统组件

1—右侧侧视摄像机；2—遥控信号接收器；3—倒车摄像机；4—遥控驻车天线；
5—左侧侧视摄像机；6—顶部后方侧视摄像机控制单元；7—前部摄像机

12.18　车道导向和堵车辅助系统

行驶期间汽车驾驶员通常希望在单调的情况下减轻负担，例如堵车时或交通缓慢时。除了具有停车和起步功能的主动定速巡航控制系统外，还通过转向和车道导向辅助系统为驾驶员提供支持。

转向和车道导向辅助系统包括堵车辅助系统，是选装配置高级行驶辅助系统的组成部分。

系统可根据需要通过校正式转向干预辅助驾驶员，使车辆保持在车道内行驶（图 12-18-1）。

图 12-18-1　校正式转向干预

工作原理：系统根据车速以车道分界线或前方车辆为导向，通过五个雷达传感器和立体摄像机确定车道分界线和前方车辆的位置。雷达传感器和立体摄像机安装位置如图 12-18-2 所示。

图 12-18-2　雷达传感器和立体摄像机安装位置

1—右侧雷达传感器控制单元；2—立体摄像机；3—右侧车道变更警告系统（主控单元）；4—左侧车道变更警告系统（副控单元）；5—左侧雷达传感器控制单元；6—主动定速巡航控制系统

12.19 车道变更辅助系统

如果转向和车道导向辅助系统启用时驾驶员操作转向信号灯（"转向灯点动"并保持至少 1s），则启用车道变更辅助系统。由此系统获知驾驶员希望通过系统支持变更到相邻车道上。

首先分析是否可以无危险地进行车道变更以及操作空间是否足够大。在此借助侧面雷达传感器以及立体摄像机的数据监控周围环境（摄像机数据主要用于识别车道）。

雷达传感器不仅负责识别物体，而且能够考虑所识别车辆在环境中的速度。雷达传感器的监控范围划分方式如图 12-19-1～图 12-19-3 所示。

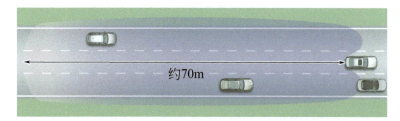

图 12-19-1　针对后方车辆的传感器监控范围

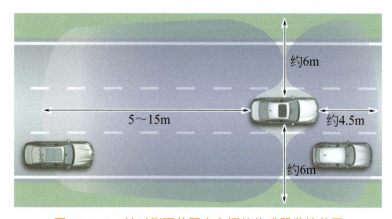

图 12-19-2　针对侧面范围内车辆的传感器监控范围

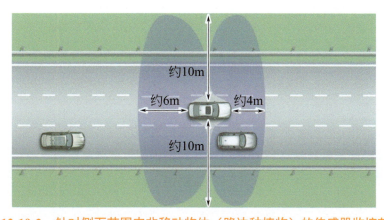

图 12-19-3　针对侧面范围内非移动物体（路边种植物）的传感器监控范围

12.20 避让绕行辅助系统

通常只能通过避让绕行操作避免与另一辆车（例如堵车时最后一辆车）或障碍物碰撞。因为与制动操作时相似，避让绕行操作时驾驶员的反应时间起决定性作用，所以避让绕行辅助系统可以非常显著地防止出现碰撞危险。

避让绕行辅助系统（图12-20-1）可在必须避让障碍物的危险行驶状况下，通过有针对性的转向干预为驾驶员提供支持。此外该系统还有助于在避让绕行操作期间或之后使车辆保持稳定，可通过动态稳定控制系统、电子助力转向系统和辅助系统传感器数据分析之间的相互作用实现。

图12-20-1　避让绕行辅助系统（一）

工作原理如下。

如果避让绕行辅助系统识别到车辆前方突然出现障碍物且驾驶员必须快速避让该障碍物同时不必"显著"制动，就会进行紧急情况避让绕行。

系统在自身车辆的物理极限范围内计算"避让绕行轨迹"，用于使横向动力最小化。

如图12-20-2所示，预计进行避让绕行操作前，会预先做好车辆准备。在此按特性调整用于稳定车辆的所有功能，以便降低车辆状态不稳定或驾驶员负担过重的风险。

避让绕行辅助系统检查当前车辆位置和驾驶员对方向盘的控制，然后将信息与计算出的"避让绕行轨迹"比较。如果系统识别到偏差，则协调进行校正式转向干预，以按照事先估计的"避让绕行轨迹"操控车辆。

如果识别到有碰撞危险的情况且发出严重警告，则避让绕行辅助系统评估交通情况，并根据这种危险情况分析用于避让绕行操作的自由空间。为此雷达传感器和立体摄像机监控车辆周围环境，如果前方车辆旁存在一种避让绕行方案且识别到本车侧面没有碰撞物体，则该系统可能进行支持性干预。

该系统在40～160km/h的车速范围内为驾驶员提供支持。驾驶员通过快速操作方向盘开始避让绕行操作，同时确定避让绕行方向。必要时会中止或抑制严重警告引起的

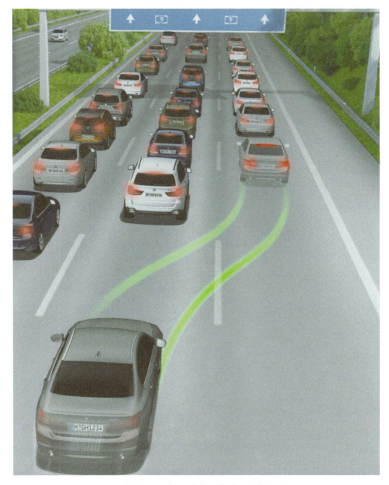

图 12-20-2 避让绕行辅助系统（二）

制动干预。通过电子助力转向系统进行支持性转向干预。系统使车辆"敏捷地"转过障碍物，同时使车辆重新"稳定"在避让绕行通道内。

由于改善了车辆对驾驶员转向命令的反应，因此可以在不危及车辆总体稳定性的情况下快速高效地避让绕行。避让绕行辅助系统概览如图 12-20-3 所示，其主要组件和重要传感器功能如下。

❶ 具有停车和起步功能的主动定速巡航控制系统借助立体摄像机和前部雷达传感器识别物体或障碍物。

❷ 四个侧面雷达传感器监控车辆周围环境，分析立体摄像机的数据，从而识别用于避让绕行的自由空间。

❸ 在选装配置系统控制单元内计算规定轨迹，即真正的"避让绕行轨迹"。

❹ 动态稳定控制系统控制单元内的行驶动态管理功能软件根据"避让绕行轨迹"计算规定转向力矩。

❺ 规定转向力矩由电子助力转向系统转换为发动机扭矩，最终根据需要进行支持性转向干预。

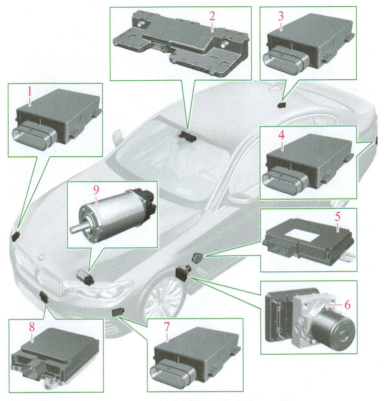

图 12-20-3　避让绕行辅助系统概览

1—右侧雷达传感器控制单元；2—立体摄像机；3—右侧车道变更警告系统（主控单元）；4—左侧车道变更警告系统（副控单元）；5—选装配置系统；6—动态稳定控制系统；7—左侧雷达传感器控制单元；8—主动定速巡航控制系统；9—电子助力转向系统（电动机械式助力转向系统）

视频精讲